AF571519

5-7, rue de l'École-Polytechnique, 75005 Paris

http://www.harmattan.fr
diffusion.harmattan@wanadoo.fr

ISBN : 978-2-343-09877-7
EAN : 9782343098777

Récits de vie au Burkina Faso

Edgard SANKARA

Récits de vie au Burkina Faso

Enjeux, rhétorique, réception

SOMMAIRE

REMERCIEMENTS

Ce livre a bénéficié de la précieuse collaboration et des conseils avisés des personnes et institutions suivantes à qui nous voulons témoigner notre gratitude : Dakouo Yves, Moussa Willy Bantenga (Université de Ouagadougou) ; Bruno Thibault, et Owen White (Université du Delaware) ; Jean-Baptiste Rouamba et Stella Odili ; Les Archives Nationales du Burkina Faso, La Bibliothèque Universitaire de l'Université de Ouagadougou, The Center for Global and Area Studies (CGAS) et l'Université du Delaware pour une bourse de recherche et pour une année sabbatique en vue de la réalisation de ce projet.

ANNONCE

Les chapitres I et III, respectivement « Récits de vie au Burkina Faso : état des lieux et enjeu » et « Récits de vie postcoloniaux, regards ethnographiques et jeu de miroir : Adama Dramé et « Hawa » » ont déjà paru dans les revues *Nouvelles Etudes Francophones* et la *Revue Canadienne d'Etudes Africaines* sous une autre forme et sous des titres différents : « Récits de vie au Burkina Faso : enjeu et perspectives » et « » Récits de vie postcoloniaux, regards ethnographiques et jeu de miroir : *Jéliya, Hustling is not Stealing* et *Exchange is not Robbery* ».

Nous remercions *Nouvelles Etudes Francophones* (University of Nebraska Press) et la *Revue Canadienne d'Etudes Africaines* (Taylor & Francis) pour avoir accordé les autorisations de reproductions de ces articles.

INTRODUCTION

L'intérêt pour les récits de vie en Afrique s'est manifesté dans le monde académique au début des années 1990 à travers un colloque et par la publication des actes de ce colloque sous la direction de Charles Bonn et Jean-Louis Joubert. D'éminents chercheurs tels que Bernard Mouralis, Françoise Lionnet, Mineke Schipper, Hafid Gafaïti, etc. firent des contributions substantielles. Cependant, malgré le titre *Autobiographies et récits de vie en Afrique* c'est l'autobiographie qui a eu la part belle dans les diverses contributions.[1] En « Avant-propos » Mouralis situe les objectifs de cet ouvrage :

> « Aussi n'était-il pas inutile de proposer une analyse de ce genre quelque peu protéiforme qui oscille au moins toujours entre la sincérité, le témoignage et la fiction. C'est à cet objectif que répondent les textes réunis dans ce présent volume et qui reprennent, avec un certain nombre de modifications, les interventions présentées à la journée d'études organisée par l'APELA et l'Université de Paris-XIII en septembre 1990.

---

[1] Bonn, Charles, Joubert, Jean-Louis. Eds. *Autobiographies et récits de vie en Afrique. Itinéraires et contacts de cultures.* Volume 13. 1er semestre 1991. Paris : L'Harmattan, 1991.

Le lecteur trouvera ici un premier bilan, provisoire certes, mais qui a le mérite de repérer un ensemble de problèmes essentiels concernant l'autobiographie et les récits de vie dans les littératures africaines : définition et typologie du genre, articulation entre anthropologie et autobiographie ; expérience carcérale et écriture à la première personne ; autobiographie et fiction ; autobiographie et autographie. » (3)

La distinction entre récits de vie et autobiographie reste cependant floue, et le lecteur a l'impression que le terme « récit de vie » s'applique aux œuvres écrites par les ex-colonisés tandis que le mot autobiographie se réfère à la pratique occidentale de l'écriture de soi centrée sur un individu. Notre définition du récit de vie est plus large, car elle le définit comme une pratique qui englobe indistinctement l'autobiographie narcissique ainsi que des ouvrages contenant partiellement des récits sur la vie de l'auteur ou d'autrui. C'est au début des années 2000 que cet intérêt pour les récits de vie d'Africains ou sur l'Afrique refait surface. En 2008 Rosario Giordano publie *Belges et Italiens du Congo-Kinshasa : Récits de vie avant et après l'indépendance.* Il s'agit de dix récits de vie de colons belges et italiens du Congo-Kinshasa. Leur discours est différent du discours colonial plus global. Cependant, nous estimons qu'il aurait été important que ce livre contienne aussi des récits de vie d'indigènes témoignant sur cette époque.[2] Le Congo revient sur la scène avec la publication en 2009 par Marcel Ngandu Mutombo de *Femmes dans les mouvements chrétiens*

---

[2] Giordano, Rosario. *Belges et Italiens du Congo-Kinshasa : Récits de vie avant et après l'indépendance.* Paris : L'Harmattan, 2008.

africains : Récits de vie à Lubumbashi (R-D Congo).[3] Ecrit sur le même pays, cet ouvrage est cependant circonscrit au genre féminin et à la ville de Lubumbashi. Ce sont des récits de vie oraux de femmes, enregistrés et retranscrits, de Lubumbashi, la capitale du Katanga. Notre ouvrage, *Récits de vie au Burkina Faso : Enjeu, perspectives, réception*, quoique focalisé sur le Burkina Faso, s'ouvre aux hommes, aux femmes et aux récits de vie à l'intérieur comme à l'extérieur de notre pays.

En 2008 la Burundaise Zenaide Ntiranyibagira écrit sa thèse *Les Récits de vie africains et antillais au féminin : violence et espoir* à la State University of New York (SUNY) at Buffalo.[4] Cette étude, structurée autour des thèmes de violence et d'espoir, se focalise sur le genre féminin en Afrique (Centrale et Occidentale) et aux Antilles. Tout comme nous, Ntiranyibagira se réfère à l'étude pionnière coordonnée par Charles Bonn et Jean-Louis Joubert *Autobiographies et récits de vie en Afrique* et note aussi le manque de définition du « récit de vie ». Ntiranyibagira mentionne une autre œuvre pionnière sous la direction de Suzanne Crosta *Récits de vie de l'Afrique et des Antilles : enracinement, errance, exil.*[5] Là aussi, Ntiranyibagira dénonce une absence du cadre définitionnel du récit de vie. Ntiranyibagira essaie de donner elle-même une définition du récit de vie, mais, après l'avoir arrimée à

---

[3] Ngandu Mutombo, Marcel. *Femmes dans les mouvements chrétiens africains : Récits de vie à Lubumbashi (R-D Congo).* Paris : L'Harmattan, 2009.

[4] Ntiranyibagira, Zenaide. *Les Récits de vie africains et antillais au féminin : violence et espoir.* UMI Microform 3320522. ProQuest. Ann Harbor, MI. 2008.

[5] Crosta, Suzanne. *Récits De vie de L'Afrique et des Antilles : enracinement, errance, exil.* Sainte-Foy, Québec : GRELCA, 1998.

une définition de la fiction (la « mimesis » selon Platon) empruntée au livre *Pourquoi la fiction ?* de Jean-Marie Schaeffer, l'auteur sort de ce cadre de définition pour se focaliser sur le genre : le récit de vie des femmes.[6] Cette absence de définition du récit de vie, ou le flou qui l'entoure, nous a amené à en donner une dans notre livre qui transcende le genre et la quantité (en entier ou partiel). L'ouvrage de Ntiranyibagira a le mérite d'étudier les récits de vie issus de situations tragiques et violentes telles que la guerre, l'esclavage et la colonisation, et qui sont centrés sur le discours et le témoignage des femmes dans une étude croisée entre l'Afrique et les Antilles. Son intérêt pour les récits de vie part aussi d'une situation de violence traumatisante : l'assassinat de son père lors des événements tragiques en 1965 au Burundi. Le récit de sa vie et de celle de son père (qu'elle n'a pas bien connu) lui permet de donner une signification à sa situation actuelle.

Le Burkina Faso est connu comme « le pays des hommes intègres » suite au changement du nom du pays en 1984 par la Révolution d'août 1983. Ce pays a été autrefois connu sous le nom de la Haute-Volta. La Haute-Volta coloniale était considérée comme le réservoir de la main-d'œuvre en Afrique Occidentale et beaucoup de ses fils ont été réquisitionnés pour travailler sur les grands chantiers du colonisateur dans des contrées lointaines et pour des projets qui ne les concernaient pas directement. Les Voltaïques de l'époque coloniale ont également réduit au mensonge le dénominatif « Tirailleurs Sénégalais » car ils en constituaient une partie importante. Mais qu'en est-il des traces de vies de ces Voltaïques devenus maintenant

---

6 Schaeffer, Jean-Marie. *Pourquoi la fiction ?* Paris : Seuil, 1999.

des Burkinabè ? Ce livre ambitionne de recenser tout récit documentant la vie de Voltaïques/Burkinabè et d'en étudier quelques ouvrages distinctifs. Ce projet veut se limiter à la production écrite et audiovisuelle, laissant le champ libre à d'autres chercheurs pour l'exploration de documents oraux. Notre ouvrage se veut pionnier sur les récits de vie au Burkina Faso. Nous avons voulu circonscrire notre étude des récits de vie à un seul pays, le Burkina Faso, estimant que cela nous permettra de faire un inventaire presque exhaustif de ce genre et d'étudier certaines œuvres en profondeur. À quand remonte le premier récit de vie écrit du Burkina Faso ? Quels sont les hommes les plus populaires hors du Burkina Faso par le récit de leurs vies ? En quoi le récit de vie peut-il desservir les intérêts d'un sujet qui ne maîtrise pas l'écriture ? Comment l'audio-visuel (le documentaire) contribue-t-il à pérenniser l'héritage d'un personnage historique et politique important ? Et comment propose-t-il une version différente du discours officiel ? Hors du Burkina Faso, comment un Burkinabè se sert-il du récit de sa vie pour se donner une légitimité et une crédibilité en terre étrangère, et comment cela contribue-t-il à le rendre populaire, et de surcroît dans une langue autre que le Français ?

Le premier chapitre « Récits de vie au Burkina Faso : état des lieux et enjeu » fait un état des lieux de la production des récits de vie, en privilégiant une définition englobante qui inclut des ouvrages contenant totalement ou partiellement des récits de vie. Ce chapitre révèle une diversité de productions et aussi une méconnaissance des notions théoriques par les pratiquants des récits de vie burkinabè. Le politique domine ces productions, car des acteurs de premier plan ont écrit sur leur vie comme artisans ou comme victimes d'une situation coloniale ou politique contemporaine. Il se dégage de ces récits de vie un enjeu historique certain, surtout au sujet de la colonisation et de la Révolution burkinabè, ces deux périodes ayant marqué durablement les consciences.

Le chapitre deux « Les mémoires d'Hampâté Bâ et de Birago Diop sur la Haute-Volta coloniale » continue la discussion sur l'enjeu historique évoqué dans le chapitre premier en étudiant les récits de vie d'Amadou Hampâté Bâ et de Birago Diop, témoins à la fois internes et externes (« inoutsiders ») de la colonisation : *Oui, mon Commandant* ? et *À Rebrousse-temps*. Les témoignages d'Amadou Hampâté Bâ et de Birago Diop s'avèrent instructifs et précieux pour la connaissance de la Haute-Volta coloniale avant le démembrement du territoire (Bâ) et après son démembrement quand sa plus grande partie fut rattachée à la Côte d'Ivoire (Diop). Ce chapitre montre que Bâ et Diop, fonctionnaires de l'Administration française, ne furent pas des agents passifs, mais eurent une part active assez importante dans certaines affaires de la colonie. Leurs témoignages donnent une autre définition de l'histoire : l'histoire, ce sont aussi les faits qui ont été évités ou empêchés et non pas seulement ceux qui ont eu lieu. La crédibilité des témoignages de ces acteurs et témoins étrangers à la Haute-Volta est assurée par la modestie de ton qu'ils adoptent dans leurs récits en évitant de se mettre toujours au premier plan. Ces récits de vie de Bâ et de Diop peuvent valablement occuper une place de choix dans les archives coloniales du Burkina Faso, territoire où ils se déroulent pour la plupart.

Le chapitre trois « Récits de vie postcoloniaux, regards ethnographiques et jeu de miroir : Adama Dramé et

« Hawa » » fait une lecture croisée de deux récits de vie de Burkinabè ayant des professions marginales. La publication de récits de vie de marginaux par des chercheurs occidentaux offre un point d'entrée intéressant dans le discours sur l'Afrique. Ce chapitre démontre que les deux récits de vie publiés par John Chernoff, *Hustling is not Stealing* et *Exchange is not Robbery,* mettant en scène une jeune fille prostituée du Burkina Faso et l'ouvrage d'Adama Dramé et d'Arlette Senn-Borloz *Jéliya : être griot et musicien aujourd'hui* autour de la vie marginale d'un griot, tout en ravivant la soif de connaissance occidentale sur l'Afrique, offrent un contraste frappant dans la présentation de leur projet d'écriture et dans la question du pacte auctorial. Ce chapitre montre que la démarche d'Adama Dramé et d'Arlette Senn-Borloz présente en définitive un modèle de réussite de ce que l'on a appelé « l'autobiographie en collaboration », à la suite du critique Philippe Lejeune.

Le dernier chapitre « Récit de vie et sujet postcolonial migrant à succès : Malidoma Somé aux Etats-Unis » analyse le seul récit de vie d'un Burkinabè en Anglais et écrit par lui-même. Ce chapitre montre l'originalité du récit de vie de Somé tout en relevant des incohérences et des zones d'ombre qui n'entachent en rien le succès que son ouvrage reçut aux Etats-Unis. L'étude de la réception de *Of Water and the Spirit* révèle que l'auteur a utilisé ce que le critique Graham Huggan a appelé le « Postcolonial exotic » ou le paradigme du sujet postcolonial qui joue sur ses attributs exotiques pour se faire une place de choix dans le monde de la publication occidentale et pour se créer une popularité dans cette société. Somé a utilisé la description minutieuse de son initiation dans la société dagara comme point d'ancrage et de départ de son dialogue avec l'Occident. La réception journalistique américaine de son récit de vie témoigne de son sensationnalisme, du grand intérêt qu'il suscita, et du succès de l'auteur surtout aux Etats-Unis où son livre demeure encore une référence dans la communauté afro-américaine et dans des cercles spirituels qui ne privilégient pas l'héritage judéo-chrétien. C'est que Somé, pour convaincre son auditoire anglophone et principalement américain, a usé d'une tactique rhétorique : la projection d'un ethos (une image de lui-même) comme victime de la scolarisation européenne et de la religion chrétienne desquelles il s'affranchit grâce à l'initiation qu'il reçut dans sa communauté dagara. L'initiation, qui aurait aussi permis à l'auteur de réussir sans effort dans l'éducation européenne (il serait titulaire de deux doctorats), est proposée par Somé comme voie de salut à l'Occident pour le guérir de divers maux : la crise de l'adolescence et de la masculinité, les gangs, la violence, etc.

La conclusion de ce livre s'élabore comme une « rhétorique du récit de vie. » L'étude de quelques récits de vie montrera qu'ils contiennent une orientation du discours vers un auditoire particulier en vue de le persuader. La distinction qu'apporte la critique Ruth Amossy entre un discours *à dimension* (intention de l'auteur non affichée) ou *à visée* (intention de l'auteur clairement affichée) persuasive s'avère pertinente. Raconter sa vie n'est donc plus perçu comme un acte simple, mais comporte une volonté et des contraintes.

CHAPITRE I

Récits de vie au Burkina Faso : état des lieux et enjeu

L'actuel Burkina Faso, anciennement La Haute-Volta, ne connaît une véritable percée dans la littérature d'expression française en Afrique qu'avec l'avènement du *Crépuscule des temps anciens* de Nazi Boni, en 1962 ; soit deux ans après les indépendances africaines. Pour ce qui concerne l'écriture personnelle, force est de constater qu'elle ne prend de l'essor que dans les vingt dernières années, sur le centenaire de la rencontre de la Haute-Volta avec le colonisateur français. Genre dont la production écrite est occidentale par excellence, l'autobiographie, le discours sur le moi est un genre nouveau pour le Burkina, du moins dans sa forme écrite que nous privilégions ici. A l'inverse de la critique qui voit en des romans autobiographiques et en l'autobiographie des prémisses à la constitution des littératures mineures et francophones, l'autobiographie ou toute production incluant un récit de vie n'apparaît véritablement que bien après la colonisation, lorsque les Voltaïques-Burkinabè se seront déjà exercés aux autres genres : romans, poésie et théâtre.

Peut-être faudrait-il d'ailleurs appeler ce type de récit englobant l'histoire d'une vie *récit de vie* tout court.

L'aspect tardif du récit de vie au Burkina Faso pourrait s'expliquer par une limitation de l'espace de parole du fait des divers régimes militaires successifs. Il y aurait certainement eu maldonne d'afficher sa vie et ses idées par écrit dans un environnement où sévissent la censure et la répression. Il est significatif que c'est après 1990, au moment où le Burkina et l'ensemble des pays africains s'initient à la démocratie parlementaire, que l'on note le plus grand nombre de récits de vie dont la plupart sont des biographies et des mémoires. Ces productions sont le fait d'hommes politiques qui veulent donner un témoignage de leur vie et de leurs idées au moment où le pays s'ouvre à la démocratie, avec la liberté d'expression en prime. Le retard de démarrage de la production littéraire et singulièrement du récit de vie, s'expliquerait également d'une autre façon : il ne faut pas oublier que la Haute-Volta coloniale n'a pas bénéficié de la même attention que les autres territoires sous l'occupation française sans doute à cause de ses faibles ressources naturelles. Ce territoire, d'abord intégré dans la colonie du Haut-Sénégal-Niger, puis formé et nommé Haute-Volta seulement en 1919, fut désintégré et réparti entre d'autres territoires en 1932 puis, la Haute-Volta fut reconstituée en 1948, selon les stratégies du pouvoir colonial. Cette instabilité-ci pourrait expliquer cette disparité-là.[7]

---

[7] C'est du reste ce que soutient Salaka Sanou dans *La littérature burkinabé : l'histoire, les hommes, les œuvres*. L'auteur ajoute également le manque d'insistance des autorités coloniales françaises sur l'éducation en ex-Haute Volta, privilégiant plutôt l'optique de

Ce chapitre jette un regard sur la production des récits de vie de la Haute-Volta au Burkina Faso. Nous nous proposons de faire l'inventaire des écrits d'auteurs burkinabè sur leur propre vie (autobiographie/mémoires) et d'autres écrits sur la vie de certaines personnes de ce pays par divers auteurs autres que le sujet décrit (biographie). De ce fait, notre définition du récit de vie est englobante, car elle incorpore l'autobiographie classique (discours de l'auteur sur lui-même et par lui-même), la biographie (discours d'un auteur sur une autre personne) et les mémoires (discours d'un auteur sur lui-même et par lui-même et incluant des références historiques auxquelles l'auteur a participé et/ou dont il/elle a été le témoin). Un inventaire de ces écrits nous montrera la prépondérance d'une quelconque catégorie, les caractéristiques du récit de vie burkinabè, ses tendances et enfin son enjeu.

INVENTAIRE ET CLASSIFICATION

Difficultés de classification

Les récits de vie peuvent être regroupés sous diverses rubriques particulières au genre autobiographique : autobiographie (sous-genre), biographies, mémoires et difficilement classables. Les difficilement classables contiennent un récit de vie et d'autres éléments qui rendent leur catégorisation difficile. À cela s'ajoutent les hésitations des auteurs à catégoriser leurs œuvres : Adama Touré se défend d'écrire des mémoires et opte pour la simplicité en intitulant son récit de vie *Une Vie de*

---

l'utilisation des habitants comme main d'œuvre pour les pays côtiers tels que la Côte d'Ivoire.

militant ; Saye Zerbo, dans *De la Présidence au ministère d'évangéliste*, déclare "N'étant pas un mémorialiste initié, je demande l'indulgence du lecteur sur la façon dont est présenté ce témoignage" (7). Ces hésitations et précautions de langage témoigneraient d'un manque de connaissance du mode narratif du récit de vie chez Zerbo et d'une expression de modestie du professeur d'histoire qu'est Adama Touré ; modestie qui pourrait s'apparenter à une pratique textuelle. Il n'en demeure pas moins que l'écriture du récit de vie est une pratique nouvelle pour les différents auteurs.

Ayant retenu le terme récit de vie comme terminologie englobant tout récit de vie entièrement ou partiellement intégré à un texte, nous élaborons comme critère de définition qu'une autobiographie est un récit à la première personne centré sur un individu et raconté par cet individu ; la biographie est la vie d'une personne racontée par une autre personne. Les mémoires, proches de l'autobiographie, ajoutent une dimension extérieure par l'accent mis sur les événements historiques ou publics auxquels prend part l'auteur qui en est le témoin privilégié. Lorsque le récit de vie personnel du même auteur objet de son propre discours intègre d'autres éléments, nous nous réservons le droit de l'appeler autobiographie tout de même, en privilégiant l'élément dominant. Il en est de même de récits de vies portant sur une autre personne que l'auteur que nous choisissons de dénommer biographies malgré la présence d'analyses et de réflexions personnelles de l'auteur comme le montre l'exemple de la biographie de Thomas Sankara par Valère Somé *Thomas Sankara : l'Espoir assassiné.*

Autobiographies

Douze récits de vie se présentent sous le mode autobiographique où s'énonce un "je" narrant sujet et objet de son propre discours. La première production incluant un récit de vie est l'ouvrage largement inconnu d'Ahmadou Abdoullahi Dicko *Journal d'une défaite autour du Référendum du 28 septembre 1958 en Afrique Noire*. Cet ouvrage fut publié en 1959 et, comme en témoigne le titre, il s'agit en fait d'un journal politique autour du référendum à l'auto-détermination qu'organisa la France dans ses colonies en 1958. L'auteur, étudiant et membre du comité central du Mouvement de Libération Nationale (MLN) partisan de l'indépendance africaine, participe comme responsable de son parti durant les vacances scolaires de 1958 à la campagne du Référendum en Haute-Volta, prônant le "non" contre le "oui" à la Communauté française. Dans son journal, Ahmadou Dicko relate notamment les conditions calamiteuses dans lesquelles la campagne gaulliste du "oui" soutenue par des fonctionnaires coloniaux blancs et voltaïques ainsi que par les chefs coutumiers et religieux, en l'occurrence le Mogho Naba Kougri, s'est affichée comme une mascarade d'élections. L'auteur dénonce la non-existence d'isoloirs, le manque de confidentialité du vote qui soumet les Voltaïques de l'époque, à majorité paysanne, aux intimidations des surveillants de bureaux de vote. Ces pratiques anti-démocratiques sont fustigées par l'auteur de même que les difficultés auxquelles il eut à faire face dans sa campagne pour le "non" pour le compte du MLN. L'auteur attaque les alliances du Rassemblement Démocratique Africain (RDA) et du Parti du Regroupement Africain (PRA) suivant docilement les directives gaullistes à voter contre l'indépendance et pour l'intégration à la Communauté Française. Il s'agit ici d'un récit de vie qui est en fait un testament politique et une chronique sur les conditions de la défaite du "non" à un moment historique de l'Afrique et de la Haute-Volta coloniale. Au-delà du mot « défaite » se dégage plutôt un procès du faux jeu démocratique des autorités coloniales qui n'ont ménagé aucun effort anti-démocratique pour faire triompher le « oui » par une collusion avec des valets locaux, en employant la désinformation et l'intimidation. L'ouvrage se termine par un bilan, à une année de distance, des promesses non tenues de la campagne du « oui ». Face à la démagogie ainsi démasquée par le temps et les promesses non tenues, l'auteur montre son admiration pour la Guinée de Sékou Touré, seule à avoir triomphé par un « non » fulgurant face au Général de Gaulle, et à s'être maintenue indépendante de tout bloc politique international tout en continuant un développement réel de ses populations.

Il faut attendre l'année 1979 pour voir apparaître un autre ouvrage où domine le récit de vie avec Frédéric Titinga Pacéré : *Ainsi on a assassiné tous les Moosé*. En 1992, le griot burkinabè Adama Dramé et la juriste suisse Arlette Senn-Borloz publient : *Jeliya : être griot et musicien aujourd'hui*, récit de la vie d'Adama Dramé, de son enfance à son apprentissage de la profession de griot et d'animateur culturel avant et après l'indépendance. Cette autobiographie "en collaboration" est suivie d'une autre en 1993 où l'anthropologue Michèle Fiéloux enregistrera et retranscrira le récit de vie d'un jeune Lobi qu'elle intitulera *Biwanté : récit autobiographique d'un Lobi du Burkina Faso*. Malidoma Patrice Somé publie en anglais et aux Etats-Unis une autobiographie *Of Water and the Spirit: Ritual, Magic, and Iinitiation in the Life of an African Shaman* en1994. En 2002 Alfred Yambangba Sawadogo publie *L'École de mon village, 1936-1958 : un élève raconte.* Il s'agit véritablement ici d'une autobiographie avec un "je" clairement défini sur les périodes formatrices que sont l'enfance et l'école française. L'autobiographie d'Alfred Sawadogo se distingue de l'autobiographie en collaboration où le sujet africain non scolarisé raconte sa vie dont le récit est enregistré et retranscrit par une ethnologue, comme dans l'exemple de Biwanté et de Fiéloux. Il y a chez Michèle Fiéloux cette tradition de l'anthropologie et de l'ethnologie qui voit l'autobiographie comme discours de l'authenticité, l'indigène peint par lui-même et à travers son discours. Dans la même veine, un autre anthropologue, l'Américain John Miller Chernoff publiera aux Etats-Unis deux volumes sur la vie de "Hawa," une jeune prostituée, dont il situe l'origine au Burkina Faso : *Hustling is not Stealing: Stories of an African bar girl* en 2003 et *Exchange is not Robbery: More Stories of an African bar girl* en 2005. En 2004, Rasmané Barry, métis Franco-Burkinabè (peul), publie *Souvenirs d'un pisteur peul.* L'auteur, qui fut le pisteur attitré d'une famille française pendant quatre générations, depuis les années 1950, relate sa vie de pisteur agrémentée d'anecdotes. L'historienne Alice Tiendrébéogo-Kaboret, qui occupa plusieurs postes ministériels y compris celui de l'enseignement de base, publie *Etre femme et ministre au Burkina Faso* en 2013. C'est le récit de son expérience dans le gouvernement du Burkina Faso et de sa difficile cohabitation avec certains hommes politiques qui conserveraient des préjugés à l'égard des femmes. Toujours en 2013, l'ancien Directeur de la Radio-Télévision du Burkina, Yacouba Traoré, publie *Gassé Galo, entre les lignes : à propos du pouvoir du journalisme*. L'auteur y retrace son enfance et ses souvenirs de la carrière de journalisme qu'il embrassa sous la Révolution. La même année 2013, l'abbé Joseph-Mukassa Somé publie *Mon Combat pour la terre*. Ce récit de vie est une parfaite illustration de l' "autobiographie en collaboration" car, si cette autobiographie est écrite à la première personne du singulier "je" traduisant les paroles de l'abbé Joseph-Mukassa Somé, en réalité, elle est le fruit des enregistrements et de la mise en texte de Yves Bourron. Dans l'Avant-propos, Bourron fait la genèse de ce livre consacré à l'abbé Joseph-Mukassa Somé :

> J'ai travaillé avec l'abbé pendant quatre jours à Bruxelles, en août 2011, alors qu'il était accueilli par sa nièce et son mari néerlandais. J'ai enregistré des dizaines d'heures d'interviews. A partir de ce corpus, j'ai rédigé une bonne centaine de pages sur son histoire, racontée à la première personne. Je suis allé ensuite passer une douzaine de jours au Burkina, en janvier 2012, pour mieux saisir la réalité de son combat, à partir du lieu où il vivait. Je l'ai à nouveau interviewé, à son bureau, au restaurant, chez des amis, dans la voiture. Avec lui, j'ai voyagé de Ouagadougou à Diébougou, où il habite, de Bobo-Dioulasso à Gaoua, dans le sud du pays, à la frontière du Ghana. J'ai rencontré des membres de sa famille, une nièce, procureure de la République, plusieurs évêques.
>
> J'ai participé à la rencontre d'une association de chefs de terres qui a suscité un texte plus personnel (chapitre 13). L'entretien présenté dans le dernier chapitre regroupe des éléments, disons plus religieux ou pastoraux ; pour ne

pas mélanger les thématiques, pour ne pas gêner un lecteur non habitué aux problématiques d'Église, J'y ai regroupé une série de réflexion de l'abbé, parlant du haut de son magistère. Rentré en France, j'ai enrichi le manuscrit, en prenant en compte plusieurs écrits de Mukassa. Les annexes sont une reprise de textes anthropologiques (tirés en particulier de sa thèse, portant sur les questions de filiations, sur l'organisation sociale et foncière et sur le rapport de la terre avec les dieux, les ancêtres, et les hommes. (Yves Bourron, "Avant-propos," 7-8)

Il est remarquable que cette autobiographie en collaboration accorde la paternité auctoriale exclusive à Joseph-Mukassa Somé et y intègre une partie de ses travaux intellectuels. En 2015, Gnindé Bonzi publie *Souvenirs de la Révolution : des moments de la révolution sankariste vue (sic) par un enfant*. Ce sont des vignettes de ce que l'adolescent a vécu ou observé de la Révolution burkinabè à laquelle l'auteur garde un attachement particulier.

D'autobiographies écrites par un sujet burkinabè sur lui-même, et sans accompagnement, il n'y en a que cinq. Cette paucité traduit certainement un manque de tradition autobiographique, d'écrire sur soi-même au Burkina. Ce manque est suppléé par l'autobiographie en collaboration dans des buts d'anthropologie, de la découverte de l'autre Burkinabè par l'Occident. Cela fait d'autant plus sensation que cet « autre » n'a pas la compétence scripturale comme le dit Philippe Lejeune dans son excellent chapitre "l'autobiographie de ceux qui n'écrivent pas" issu de *Je est un autre*.

La librairie exploite une curiosité de type *ethnographique* qui entraîne un renversement dans la mise en scène. L'aveu de collaboration étant un pis-aller dans le cas des nègres, il devient ici une pièce essentielle du système : il s'agit de garantir que le modèle n'a *rien* écrit ? –quitte à garantir aussi que ce qu'on a écrit est une image fidèle de ce qu'il a dit (mais c'est là une autre histoire). Le rédacteur qui a souvent pris l'initiative de susciter un récit qui sans cela serait resté enfoui dans le silence, se présente comme un médiateur entre deux mondes, presque comme un explorateur. Il doit afficher sa présence, et prend le statut d'auteur à part entière, avec le prestige social et les avantages financiers que cela comporte. (248) (Les italiques sont de Lejeune)

Il faut noter que le terme "nègre" tel qu'employé ici par Lejeune se réfère aux personnes qui écrivent dans l'anonymat à la place d'une autre personne qui bénéficiera du statut d'auteur. Dans le cadre de l'autobiographie en collaboration se pose avec acuité la paternité du statut auctorial qui est assumé par l'ethnologue au détriment du « récitant de vie ».

Mémoires

Onze mémoires ont été recensés, et c'est dans ce sous-genre que se révèlent des contributions en plusieurs volumes. En 1984 le Docteur Fathié Traoré publie *Mémoires d'autres temps*. Il s'agit des souvenirs de son enfance et de son éducation scolaire au début de la colonisation française en Haute-Volta. Le premier volume des mémoires de Joseph Issoufou Conombo, *Souvenirs de guerre d'un "Tirailleur Sénégalais"* publié en1989, est consacré à son enrôlement forcé dans le régiment colonial des Tirailleurs Sénégalais alors qu'il poursuivait ses études à Dakar. Le second volume, *Acteur de mon temps : un Voltaïque dans le XXe siècle* publié en 2003 parle de son engagement politique dans la Haute-Volta coloniale et pendant les vingt premières années des indépendances où il fut ministre et Premier ministre. Joseph Issoufou Conombo se révèle le plus productif des mémorialistes, car il consacre également un autre volume *Une Autre conquête de l'Afrique par l'amour et la Charité : Pères blancs et Sœurs blanches du Cardinal Charles Lavigerie Missionnaire d'Afrique* publié en 2003 à l'action des missionnaires européens qui ont apporté le message chrétien en Haute-Volta, et dont l'auteur fut le contemporain et le témoin privilégié. Le deuxième président de la Haute-Volta, le Général Sangoulé Lamizana, publiera les deux tomes de ses mémoires en 1999. Le premier est consacré à sa jeunesse et à sa carrière militaire sous la colonisation et le deuxième concerne sa carrière politique : *Sous les drapeaux. Mémoires. Vol.1* et *Sur la brèche trente années durant. Mémoires. Vol. 2.* Adama Touré, le militant estudiantin et le syndicaliste chevronné doublé du professeur d'histoire, confie ses souvenirs de jeunesse et sa participation à l'avènement de la Révolution en Haute-Volta dans le livre *Une Vie de militant* : *ma Lutte du collège à la révolution de Thomas Sankara* publié en 2001 et qu'il est juste d'appeler mémoires, malgré les réticences de Touré, pour la richesse des événements politiques et extérieurs décrits où s'efface l'auteur. Un autre syndicaliste, Hado Paul Zabré avait publié *Mémoire de syndicaliste* en 1998. Selon Zabré, ses mémoires sont écrits afin de rappeler à la jeune génération la contribution des luttes syndicales en Haute-Volta. En 2007 le Général à la retraite Tiémoko Marc Garango publie *Devoir de mémoire*, suivi de l'ancien homme politique, Gérard Kango Ouédraogo, qui écrit *Chronique de soixante années de lutte politique : un combat pour l'Afrique* en 2008. En 2014, le Professeur et leader du Parti Africain pour la Renaissance Nationale (PAREN), Laurent Bado écrit *Mon expérience politique.* Il s'agit d'une sorte de bilan et de testament politique où l'auteur lègue à la postérité son témoignage sur son action dans l'arène politique. L'auteur projette l'image d'un homme incompris et d'un prophète.

Les mémoires sont le fait de personnalités de la vie publique ayant exercé de hautes fonctions civiles, religieuses, militaires ou politiques et qui se voient dans l'obligation de confier à travers les mémoires leurs perceptions des événements qui ont marqué le pays et dont ils étaient acteurs et témoins.

Biographies

Il existe vingt-six biographies sur des Burkinabè. La première biographie est celle que le Français Alphonse Chantoux consacra à Aloys Lankoandé en pleine colonisation, en 1955. *Le sacrifice d'Aloys Lankoandé* fut écrit pour saluer la bravoure de ce jeune Voltaïque dévoué au Christianisme, car il était catéchiste. Aloys était aussi un chef Scout et c'est en essayant de sauver un jeune Scout qu'il mourut noyé dans les eaux du fleuve Niger. La première biographie écrite par un Burkinabè et sur un autre Burkinabè est celle que fait l'historien, feu Joseph Ki-Zerbo, de son père qu'il présente comme le premier chrétien de la Haute-Volta : *Alfred Diban : premier chrétien de Haute-Volta* publié en 1983. En 1989 Joseph Issoufou Conombo publie *Mba Tinga ou les traditions Mossé dans l'Empire du Moogho-Naba.* Il est suivi de

Frédéric Pacéré qui écrit *Naba Zid-Wendé et les lieux sacrés de Manéga*, ouvrage auto-publié à Ouagadougou par Edition Fondation Pacéré en 1998. Rose-Marie Sondo publie en 1998 une biographie de l'Archevêque Joanny Thévenoud qui contribua à la fondation de l'église catholique du Burkina : *Monseigneur Joanny Thévenoud : Père fondateur des sœurs de l'Immaculée Conception de Ouagadougou.* De nombreuses biographies sont consacrées à Thomas Sankara, le leader de la Révolution burkinabè assassiné. C'est le personnage politique qui fait l'objet de plusieurs biographies dans la durée : de son vivant, et après sa mort. Jean Ziegler et Jean-Philippe Rapp publient en 1986 *Thomas Sankara : Un nouveau pouvoir africain.* En 1987, Sennen Andriamirado, journaliste à *Jeune Afrique* publie *Sankara, le rebelle* qui sera suivi en1989 de *Il s'appelait Sankara*, témoignages des derniers moments de la vie de Thomas Sankara et une tentative d'explication des circonstances de son assassinat. Valère Somé, ami et collaborateur du défunt président, publie en 1990 *Thomas Sankara, l'espoir assassiné* où il donne à son tour son témoignage des derniers moments de Thomas Sankara et des circonstances qui ont amené Somé à être emprisonné sous le Front Populaire après l'assassinat de Sankara. En 1997, dix ans après la mort de Sankara, Bruno Jaffré livre *Biographie de Thomas Sankara : La patrie ou la mort.* Quant à Alfred Yambangba Sawadogo, son livre, *Le Président Thomas Sankara : chef de la Révolution burkinabé, 1983-1987 : portrait* paraît en 2001. Malgré le sous-titre « portrait », il s'agit d'une biographie marquée de chronique de la période révolutionnaire, au moment où l'auteur collabora avec le Président Sankara comme Directeur du Bureau de

Suivi des Organisations Non Gouvernementales (BSONG). L'ancien Président, Blaise Compaoré est l'objet de deux biographies. Jean Guion, son ami et collaborateur écrit en 1991 : *Blaise Compaoré. Réalisme et intégrité. Portrait de l'homme de la Rectification au Burkina Faso*. Cette biographie était précédée de celle que lui consacra le journaliste nigérian en 1989 : *Blaise Compaoré : The Architect of Burkina Faso Revolution* ; ouvrage publié à Ibadan au Nigéria. Un autre homme politique, Ouezzin Coulibaly, quelque peu oublié au Burkina Faso, est remis à l'ordre du jour grâce à la biographie de l'universitaire ivoirien Sémi-Bi Zan : *Ouezzin Coulibaly, le lion du RDA (1909-1958)* publié en 1995. Frédéric Pacéré Titinga fait l'objet de deux biographies d'auteurs : L'universitaire ivoirien Léon Yépri lui consacre *Titinga Frédéric Pacéré : Le Tambour de l'Afrique poétique* en 1999, suivi en 2001 de la biographie qu'écrit la compatriote de Pacéré, Hortense Louguet Kaboré : *Maître Titinga Frédéric Pacéré, origine d'une vie*. La seconde moitié des années 2000 voit une efflorescence de biographies. En 2007 le Français Florian Pajot publie *Joseph Ki-Zerbo. Itinéraire d'un intellectuel africain au XXe siècle*. C'est d'ailleurs la seule biographie consacrée à l'historien émérite et homme politique burkinabè. En 2008, Vincent Ouattara écrit une biographie sur Maître Halidou Ouédraogo, ancien Président du Mouvement Burkinabè des Droits de l'Homme et des Peuples (MBDHP) : *Halidou Ouédradogo, une vie de lutte*. En 2006, le monde religieux connaît la parution par Youssouf Savadogo de *Le Pasteur Segnogo Ouédraogo : un héros de la foi*. Cette biographie d'un pasteur sera suivie d'une autre consacrée à douze pasteurs : *Biographie de douze pionniers de l'œuvre missionnaire des Assemblées de Dieu du Burkina Faso* en 2009. En 2010, la fille de Philippe Zinda Kaboret, Alice Tiendrébéogo-Kaboret publie une biographie de son père *Philippe Zinda Kaboret : un héros de la lutte anti-coloniale*. Cette même année, Marie-Viviane Yaméogo écrit une biographie de l'ancien Président : *Blaise Compaoré : un homme, un style*. En 2011, Issaka Ouédraogo publie *El Hadj Oumarou Kanazoé : un autodidacte devenu milliardaire*. Cette biographie d'Oumarou Kanazoé, richissime homme d'affaires, fait la genèse de sa fortune à partir d'une origine humble, et s'attarde sur les réalisations économiques et philanthropiques de cet homme de foi. Jacques Prosper Bazié publie en 2014 *Nazi Boni : Le Moïse du Bwamu*. Il s'agit de la biographie de l'enseignant, du leader politique, de l'historien et du premier écrivain littéraire du Burkina Faso. Cette biographie multiforme comporte une analyse du *Crépuscule des Temps anciens* de Nazi Boni. Toujours en 2014 l'historien Jean-Marc Palm publie *Ouezzin Coulibaly, Nazi Boni : deux leaders politiques africains de Haute-Volta*. C'est une biographie croisée des deux leaders pendant la colonisation française. L'auteur affirme que lors d'un micro-trottoir de la Radio Télévision du Burkina Faso de nombreuses personnes exprimaient leur ignorance de Ouezzin Coulibaly et de Nazi Boni. Pour Jean-Marc Palm, il s'agit de faire connaître aux Burkinabè deux de leurs leaders politiques importants, mais oubliés. Selon Palm, Coulibaly et Boni, qui ont la particularité d'être de la même ethnie Bwaba, eurent des divergences sévères sur trois points : le clivage régional Est-Ouest, la reconstitution de la Haute-Volta et le fédéralisme africain.

Salfo-Albert Balima avait publié *Un Combattant pour une Afrique nouvelle : le président Daniel Ouezzin Coulibaly, 1909-1958*, biographie de l'un des hommes politiques les plus importants de la Haute-Volta coloniale. Il publia aussi en 1998 *Les Tribulations d'un Blanc au service des Noirs : le Colonel Michel Dorange au Burkina Faso*. Il s'agit d'une sorte de biographie (accompagnée de nombreux documents d'archives) de celui que l'on connaissait au Burkina Faso comme « Le Capitaine Dorange », Officier Français qui se consacra aux anciens combattants du Yatenga et qui joua un rôle politique important pendant la colonisation au point de frustrer certains indigènes.

Il en ressort que la biographie politique prime sur la biographie littéraire ou la biographie tout court. L'ancien Président Thomas Sankara est celui qui a fait le plus l'objet de biographies multiples, à cause de l'impact qu'il eut à l'intérieur comme à l'extérieur des frontières du Burkina.

Les difficilement classables

Certains ouvrages sont difficiles à catégoriser parce qu'ils ne correspondent pas aux catégories de l'autobiographie simple, de la biographie et des mémoires. Bernard Zongo publie en 2005 *Meurtrissures. Auto-fiction*. L'auteur, citoyen burkinabo-français et père de famille, doit quitter la France pour se rendre aux Etats-Unis suite au décès de son frère aîné à Atlanta, où ce dernier résida plusieurs années. L'itinéraire américain s'apparente à un conte initiatique où Bernard Zongo, d'escroquerie en déception, découvre l'inhumanité des êtres qu'ils soient Noirs ou Blancs, face à une âme affligée par le décès de son frère. Zongo fait l'amer constat de l'accaparement des biens de son défunt frère par la famille noire « amie » que son frère Bart aida, et qui se révéla être une bande de profiteurs et d'exploiteurs. C'est aussi un livre sur la quête d'identité, car Bernard Zongo se déclarant de deux patries, le Burkina Faso et la France, se voit frustré lorsque sa nationalité française est examinée avec suspicion par le douanier français zélé, à son retour en France. La seule et unique dose d'humanité et de nationalité reste, selon lui, sa femme française Kathy. Le récit de la découverte du monde noir américain mis en dialogue avec la situation des Noirs de France provoque en l'auteur des réflexions sur le sort des Noirs en général et sur celui de leurs communautés respectives en France et aux Etats-Unis. Il ne s'agit certainement pas d'une autobiographie à proprement parler, car ce n'est pas le récit rétrospectif de la formation de la personnalité de l'auteur, mais plutôt le récit d'une tranche de vie s'étendant sur environ un mois, l'espace de l'annonce du décès de son frère, son départ pour les Etats-Unis, son séjour à Atlanta et son retour en France. Auto-fiction est le terme retenu par l'auteur et il faut le respecter même si le réel prime sur la fiction dans son œuvre.

Michèle Fiéloux et Jacques Lombard publient en 1998 *Les Mémoires de Bindué Da*, version écrite du film documentaire anthropologique entrepris par Michèle Fiéloux et Jacques Lombard, réalisé à l'occasion des secondes funérailles de Bindué Da pour l'installer comme ancêtre du clan à partir de janvier 1988. Le récit est construit autour d'entretiens avec les membres de la famille, l'histoire de la vie de Bindué Da racontée par ses enfants et les témoignages de parents proches et d'étrangers. Le récit de vie nous fait découvrir Bindutê Da dans sa jeunesse en pays lobi, sous le joug de la colonisation française, son enrôlement dans l'armée coloniale comme artilleur en 1930 avec comme terrains d'opérations la France métropolitaine et la Corse. Bindutê se retire de l'armée puis retourne dans le pays lobi, où il devient chef de canton. Le livre décrit la cérémonie des secondes funérailles dans ses détails tout en donnant une idée des difficultés et des limites à filmer pareille cérémonie. Comme le notent les auteurs du livre :

> Notre travail concerne en particulier la question de l'utilisation des histoires de vie pour l'approche et la compréhension des phénomènes sociaux. Histoires de vie mises en forme aussi bien avec le texte qu'avec l'image. (8)
>
> Ainsi, le rite des secondes funérailles, ou *bòbuùr*, mémorisation collective de la vie et du destin d'un individu, nous intéressait d'autant plus qu'il serait une mise en scène d'une histoire particulière, et, en ce sens, un témoignage sur l'ouverture du pays lobi à l'extérieur, ouverture à la fois contrainte et recherchée. (10)

Il est difficile d'appeler cet ouvrage "autobiographie en collaboration" car les auteurs ont cherché à le présenter comme des mémoires. Il y a certes collaboration, mais il s'agit également de multiples personnes interviewées sur la mémoire de Bindutê Da.

L'ouvrage du troisième Président de la Haute-Volta, Saye Zerbo, *De la Présidence au ministère d'évangéliste* publié en 2003, se révèle un récit de vie à part. Dans ce récit de témoignage, Zerbo retrace les conditions de sa conversion au Christianisme, et notamment l'aide que

Dieu lui a offerte tout au long de sa période carcérale suite à la chute de son régime en 1982. Zerbo démontre à ses lecteurs comment lui a été révélée par un rêve la chute de son régime avec l'assurance qu'il sera protégé. Le rêve-énigme s'accomplira et ce n'est qu'après la lecture de la Bible que lui avait offerte le Cardinal Paul Zoungrana en 1980 qu'il trouve la clé de son rêve et comprend que Dieu l'avait averti et rassuré. S'ensuit alors une communication constante entre Dieu et Saye Zerbo par l'intermédiaire de la Bible, de voix, et de rêves. La conversion de ce fervent musulman au Christianisme est le centre de ce livre d'une centaine de pages avec comme toile de fond les événements politico- historiques de 1982 à 1997, dans la Haute-Volta devenue Burkina Faso. Le lecteur ne manquera pas de noter le peu de place que l'auteur donne à sa date de naissance, sa carrière militaire et sa vie politique avant et pendant sa présidence. Tous ces faits sont sommairement résumés en quatrième de couverture, privilégiant le discours de témoignage. Malgré l'affirmation de l'auteur qui s'excuse auprès des lecteurs de ne pas écrire son œuvre comme des écrivains de mémoires "N'étant pas un mémorialiste initié, je demande l'indulgence du lecteur sur la façon dont est présenté ce témoignage." (7), il s'agit essentiellement d'un témoignage de foi, où les actions politico-historiques du Conseil de Salut Public (CSP) et du Conseil National de la Révolution (CNR) sont subordonnées à la découverte spirituelle de l'auteur qui, de toute évidence, en était un acteur passif, du fait de son statut de prisonnier politique. À la différence des mémoires qui accordent une place très importante aux événements extérieurs dont l'auteur se veut le témoin privilégié en souscrivant au rôle de les transmettre à la postérité, ce témoignage religieux est un acte de foi individuel orienté vers une communauté précise : la communauté chrétienne, et par prolongement la communauté des croyants. C'est donc une œuvre d'édification spirituelle qu'entreprend l'ancien premier responsable de la Haute-Volta, ainsi que l'atteste la profusion de citations religieuses aussi bien coraniques que bibliques. En 2010, Désiré Kaboré publie les lettres qu'échangèrent son père Y. Dominique Kaboré avec Philippe Zinda Kaboret : *Lettres ouvertes : Philipe Zinda Kaboret : premier député de Haute-Volta au parlement français (1941-1947).* Cette correspondance épistolaire révèle l'intimité de Philippe Zinda Kaboret qui se confie sans réserve à son ami Dominique Kaboré sur divers sujets de la vie. Ceptendant, il serait difficile de catégoriser cet ouvrage comme une biographie, même si elle permet de révéler des pans de la vie de ce personnage historique.

CARACTÉRISTIQUES

Le récit de vie est le fait d'auteurs burkinabè sur eux-mêmes ou sur une autre personne burkinabè dont ils veulent dépeindre la vie. Lorsque l'auteur se focalise sur les événements politiques ou historiques qui ont marqué sa vie dont il fait le récit, nous sommes en présence de mémoires. Cependant, l'exemple de l'ex-Président Saye Zerbo *De la Présidence au ministère d'évangéliste* déroge à cette règle, son témoignage étant éminemment religieux au point de reléguer les événements politico-historiques au plan secondaire. Le récit de vie est aussi le fait d'auteurs non-burkinabè, par des Africains ou des Européens ayant une connaissance du Burkina et de ses hommes. Dans ce cas, abondent les autobiographies orales transcrites dans un but d'Anthropologie, des biographies, des portraits et témoignages sur des acteurs principaux de la vie publique au Burkina aussi bien que des citoyens (lambdas) ordinaires. On pourrait peut-être parler d'une "démocratisation" du récit de vie : ceux qui maîtrisent l'écrit y ont droit aussi bien que ceux qui sont peu scolarisés ou ceux qui ne sont pas scolarisés du tout. Le récit de vie s'écrit aussi bien en français qu'en anglais, quoique la portion anglaise soit minoritaire. Le récit de vie au Burkina Faso a une forte présence masculine du fait que la presque totalité de ces récits de vie sont produits par les hommes et portent sur des hommes, à l'exception d'Hortense Lougué Kaboré qui fait la biographie de Frédéric Pacéré, d'Alice Tiendrébéogo Kaboret et de "Hawa" dont la vie devient le sujet de deux longs volumes publiés par un auteur masculin, John Chernoff. Avec cinq récits de vie à son actif, Joseph Issoufou Conombo est l'auteur le plus productif. Il s'agit d'une production récente et jeune : Commencée en 1955 par une biographie, suivie en 1959 par un journal, cette production ne connaît un véritable essor qu'autour des années 1990 et 2000. Les récits de vies dénotent une forte tendance à l'historisation. On note une présence marquée des mémoires et des biographies sur les autres formes du récit de vie. Il y a donc comme un besoin de focalisation sur la colonisation et sur la vie politique de la Haute-Volta au Burkina Faso.

ENJEU

Récits de vie et enjeu pour la connaissance de l'histoire de la Haute-Volta coloniale

Les mémoires offrent une aide appréciable dans la saisie de ce que fut la colonisation française telle que vécue par les populations "indigènes" dans la Haute-Volta coloniale. D'autre part, le traitement de l'histoire politique du pays après son accession à l'indépendance offre, à partir des témoignages plus ou moins croisés plus ou moins divergents, une appréciation des événements qui ont marqué la nation en permettant d'en saisir le mécanisme et les motivations. Bien entendu, aucun témoignage n'est vrai en soi, mais le récit de vie permet aux lecteurs de se faire une idée plus intime des personnages politiques et des événements qui ont marqué le peuple. C'est aussi au niveau de ces divergences sur les personnages historiques et les actions qu'ils ont posées que l'historien, le professionnel de l'écriture historique, pourra faire la part des choses en contrastant ces divers témoignages pour situer une quelconque « vérité historique. » Pour le lecteur burkinabè, le citoyen lambda, c'est une riche source d'accès à l'histoire de son pays à travers les témoignages des uns et des autres. Pour l'historien, c'est une masse d'informations et de faits qui nourriront sa recherche et son récit sur l'histoire du Burkina Faso.

En ce qui concerne la constitution d'une histoire écrite on note que les récits de vie sur la Haute-Volta coloniale ne sont pas suffisamment pris en compte alors que ces témoignages pourraient enrichir notre connaissance sur ce que fut l'histoire coloniale en tant que vécue par les « indigènes ». En 1995, deux historiens, Gabriel Massa et

Georges Madiéga publient *La Haute-Volta coloniale : témoignages, recherches, regards.* Malgré le titre prometteur, il n'y est fait aucune place au récit de vie de burkinabè témoins de cette époque et qui auraient pu apporter un éclairage sur cette période. Pour l'historien, le spécialiste de l'écriture de l'histoire africaine, les mémoires apportent pourtant une aide essentielle dans la compréhension et l'écriture de certains événements de la Haute-Volta coloniale et indépendante. L'argument qui valide le récit de vie comme informateur d'histoire est l'inclusion de plusieurs récits de vie dans les actes du colloque de 1996 autour du centenaire de l'histoire du Burkina Faso : *Burkina Faso : cent ans d'histoire, 1895-1995.* Dans cet ouvrage publié en 1999, le deuxième Président de la Haute-Volta, Sangoulé Lamizana, y contribua son récit d'enfance « Souvenirs d'enfance à Dianra »[8] et l'universitaire Catherine Kéré y publia "Biographie de madame Ki-Zerbo" sur l'épouse de l'éminent historien, feu Joseph Ki-Zerbo. Enfin, le quatrième Président de la Haute-Volta, Jean-Baptiste Ouédraogo y donna son témoignage, dans ce qui s'apparenterait à un récit de vie, sur les circonstances de sa venue au pouvoir et l'avènement du 4 août 1983 instaurant la Révolution au Burkina Faso.

---

[8] "Souvenirs d'Enfance à Dianra" est également le titre du premier chapitre du premier volume des mémoires de Sangoulé Lamizana *Sous les drapeaux*. Les deux versions sont textuellement similaires à un ou deux mots près ; il est permis de penser que Lamizana a offert le premier chapitre de ses mémoires à ce colloque comme contribution à l'histoire du Burkina Faso. Ceci témoigne du fait que les mémoires, dont une tranche est intégrée à un livre sur l'histoire du Burkina Faso, sont des ressources appréciables pour l'écriture de cette histoire.

Plus que tout autre récit de vie, les mémoires apportent aux lecteurs une connaissance personnelle de l'histoire de la Haute-Volta devenue Burkina Faso à travers le témoignage de ses acteurs principaux et secondaires ou de simples témoins. Des éclairages sur certains faits sont apportés. Le chemin de fer RAN (Régie Abidjan-Niger) est montré comme une initiative du Mogho Naaba et un éclairage est apporté sur les raisons de la progression du Rassemblement Démocratique Africain (RDA) en Haute-Volta dans *Acteur de mon temps : un Voltaïque dans le XXe siècle* de Joseph Issoufou Conombo. Dans *Ainsi on a assassiné tous les Mossé* Pacéré fait de la migration des Voltaïques en Côte d'Ivoire une conséquence néfaste de la colonisation fançaise. Il ya chez le plus productif des écrivains de récits de vie, Joseph Conombo, un aspect pédagogique. Il écrit par devoir de mémoire et de témoignage des aînés pour enseigner aux jeunes générations non seulement ce qu'était la vie traditionnelle d'un sujet du Moogho Naba, mais également ce que fut la colonisation française pour un tel sujet. Ainsi, dans *Mba Tinga ou les traditions Mossé dans l'Empire du Moogho-Naba* (1989) l'auteur se défend d'écrire une autobiographie :

> En 60 ans d'existence, j'ai beaucoup vu, écouté, senti et subi. Les séquences marquantes de cette vie sont nombreuses et variées, cependant ce qui suit n'est pas une autobiographie. *Tinga* est une consignation écrite d'un témoignage que je crois devoir aux générations montantes afin de les éclairer sur un moment de l'histoire de notre pays. Mais surtout, je désire laisser une contribution aux futurs chercheurs ethnologues et animateurs de la vie collective chez nous. Car pour aboutir il faut savoir d'abord

d'où l'on part et suivre si possible un chemin connu et balisé par les générations antérieures. (14)

Malgré les précautions de langage, il s'agit en fait d'une biographie de son père par Joseph Conombo, et l'auteur maintient l'action pédagogique, car à travers le cheminement de son père marqué par la naissance, la circoncision, le mariage, etc., l'auteur donne l'explication des coutumes des Mossé à travers l'exemple d'une vie. Comme l'auteur le souligne, il y a aussi une part d'histoire dans la mesure où la vie de Tinga est appréhendée, avant et pendant la colonisation française en Haute-Volta. Cette période charnière permet à l'auteur de donner aux plus jeunes l'idée de ce qu'un Moaga (singulier de Mossé) qui essayait de s'accrocher à ses traditions centenaires endurait sous la colonisation française. L'auteur se réfère d'ailleurs aux œuvres pionnières de sauvegarde de l'héritage culturel du Burkina, en particulier *L'Empire du Mogho-Naba ; coutumes des Mossi de la Haute-Volta* de Dim Delobsom, *Crépuscule des temps anciens* de Nazi Boni et *Ainsi on a assassiné tous les Mossé* de Frédéric Titinga Pacéré.

Chez Pacéré, il y a la revalorisation de l'histoire précoloniale avec une vue ethnico-nationaliste dans *Ainsi on a assassiné tous les Mossé.* La page de "remerciements" est révélatrice de la difficulté de faire publier par l'ex-colonisateur un livre qui comporte des récits de vie accusant ce dernier d'être la source de la déchéance de la tradition des Mossé.

"Remerciements

L'auteur adresse ses sincères remerciements :

Au Ministère de l'Information de la Haute-Volta, qui lui a fourni une grande partie des vues sur le Sahel, illustrant le présent volume.

À toutes les personnes, qui ont permis la publication de ces recherches, en particulier, aux Editions Naaman, qui, sans réserve aucune, ont accepté d'éditer cet ouvrage, que d'autres maisons d'édition, préalablement saisies, ont rejeté pour uniquement deux motifs :

Il y a des vérités parce que relativement cruelles (comme si une vérité se devait d'être autre chose), qui n'ont droit qu'à un enterrement de première classe, agrémenté de tam-tams nègres, et jamais à la résurrection des morts.

Au stade actuel de son évolution, l'humanité, dans ses concepts sociologiques, a tout découvert, et l'histoire d'un continent, même écrite par son bourreau, ne peut être remise en question, surtout dans ses principes estimés intangibles

À tous et aux courageux lecteurs, le STABILISME et L'ANTI-HISTOIRE leur resteront reconnaissants." (8) [la typographie originale a été préservée]

Pacéré s'est vu obligé de se tourner vers les éditions canadiennes Naaman après avoir été rejeté par les maisons d'éditions françaises parce que, son ouvrage, qui comporte comme pièces maîtresses des récits de vie dénonçant les méfaits de la colonisation, fait le procès de cette colonisation tout en revalorisant la culture, l'histoire et l'identité des Mossé. Le récit de vie de l'auteur, amalgamé aux récits de vies d'autres Voltaïques, oppose une autre vérité à la vérité du colonisateur (comme vecteur de civilisation) : la mort de l'histoire et de la civilisation d'un peuple par faute de la colonisation. C'est d'ailleurs ce qui est résumé dans les dernières paroles du père de l'auteur et que Pacéré utilisera comme titre de son ouvrage : *Ainsi on a assassiné tous les Mossé.* Ce livre à thèse navigue entre l'histoire d'un peuple (les Mossé) et le témoignage personnel de l'auteur, lui-même fils du chef de Manéga. L'auteur présente son livre comme une anti-histoire, une histoire des Mossé racontée de l'intérieur, par un de ses fils-chefs et qui contredit l'idée de l'historique de la colonisation française comme facteur de civilisation et d'entrée de la Haute-Volta dans l'histoire moderne. Pacéré, avec force documents, témoigne de la stabilité légendaire et réelle du plateau Mossi, le Mogho, sous le règne de l'Empereur des Mossé et de ses rois et vassaux. L'essai-témoignage démontre que le Mogho n'avait pas besoin de la colonisation française pour prouver une quelconque civilisation, car il était le mieux policé et le plus stable de la sous-région, alors que d'autres royaumes et peuples faisaient face à la déchéance, à l'annexion, aux pillages et à l'esclavage. Pour Pacéré, la colonisation est vue par les Mossé, comme une anti-histoire, la menace puis la chute de leur civilisation multiséculaire. « Ainsi, on a assassiné tous les Mossé » ces paroles graves prononcées sur son lit de mort par le père de l'auteur et en sa présence, résument la déchéance qu'a apportée la colonisation française sur le Mogho. Après l'élimination physique par les armes ce sont les valeurs culturelles du Mogho qui sont en voie de disparition du fait de l'imposition de nouvelles valeurs occidentales. Le récit de vie de l'auteur, témoin des effets de cette déchéance, apporte un élément de vérité à ce qu'il avance. A la vérité du colonisateur, il oppose une contrevérité. C'est une œuvre de dénonciation de l'imposture coloniale. Pacéré dénonce par exemple l'impôt de capitation, source de sévices horribles et cause de l'exode de jeunes Mossé vers le Ghana et la Côte d'Ivoire avec comme mission d'y travailler pour envoyer de l'argent au Mogho afin que la famille puisse s'acquitter de cet impôt-dette. Il montre comment ces mêmes jeunes Mossé, grands travailleurs, furent molestés et grugés par les colons-planteurs eux-mêmes : c'est un cercle vicieux d'où les Mossé sortent perdants.

> Dans ce vieil Empire des Mossé, je vis un vieillard appréhendé, après les années 1950 où semble-t-il le Noir avait été élevé au niveau de droits en plus de ses obligations ; des gardes-cercles l'ont traîné en cache-sexe et frappé à mort.
>
> [...] citons aussi, entre autres cas de ce village de Manéga dont je suis originaire, celui d'un vieux de plus de 70 ans ; on le traîna lui aussi sous mes yeux ; il avait été incapable de réunir le *Yonr-Yaodo* ; ses deux enfants avaient fui en hâte vers la Côte d'Ivoire afin d'y réunir les centimes manquants ; on fit sortir le vieillard, on vendit tout dans la maison et même une bicyclette sans roue que, dans sa fuite, un des fils avait abandonnée ; il manquait encore quelques centimes ; on l'embarqua, défiguré, sous les matraques et les larmes de tous les proches, hélas en larmes parce que tous profondément pauvres. (124)

Le moi national

Les mémoires en particulier sont produits par des personnalités qui ont assumé des fonctions publiques : politiciens, syndicalistes ou administrateurs. Cette situation d'implication dans la vie de la nation et des décisions l'affectant met ces divers acteurs et témoins dans une situation privilégiée de « rendeurs de comptes ». Le moi individuel se dilue dans le moi national lorsque l'auteur milite pour une cause nationale, notamment, dans le cas de Joseph Conombo qui, dans *Acteur de mon temps : un Voltaïque dans le XXe siècle,* fait une large place aux actions d'un groupe de Voltaïques réunis autour du Moogho Naba Sagha et d'autres Voltaïques qui vont créer un parti : l'Union Voltaïque en vue de rétablir la Haute-Volta démembrée depuis 1932 dans ses frontières de 1919. Conombo met l'accent sur cet élan patriotique et nationaliste comme ferment de la nouvelle identité voltaïque retrouvée. Il est d'ailleurs significatif que l'auteur, publiant ses mémoires en 1999, opte pour le nominatif "Voltaïque" au lieu de "Burkinabè" comme l'a consacré l'usage contemporain. Peut-être faudrait-il y voir une distanciation de l'ancien Premier ministre de la Haute-Volta avec la nouvelle identité burkinabè forgée par la Révolution du 4 août 1983 ? Il n'en demeure pas moins que, dans l'optique d'une identité nationale, l'on pourrait s'interroger également sur le rôle joué par Conombo et son groupe pour former l'Union Voltaïque, un groupe formé en majorité de Mossis et réunis autour du Mogho Naba Sagha et qui, en fait, prend le contre-pied de l'autre parti qu'est le RDA fortement implanté à Bobo-Dioulasso et dont Ouezzin Coulibaly était le fer de lance. On pourrait déjà y voir une division entre le Plateau Mossi (Nord et Centre) et la région de Bobo-Dioulasso (l'Ouest et le Sud-Ouest). Pacéré donne lui aussi l'impression de faire de l'ethnocentrisme ; c'est-à-dire d'avoir tendance à privilégier son discours autour d'un groupe ethnique au détriment des autres groupes de la nation entière puisque *Ainsi on a assassiné tous les Mossé* s'efforce de démontrer la thèse que la colonisation française aurait fait le « génocide » du peuple mossi. L'élan national ici se limite au groupe majoritaire mossi et exclut tout autre groupe. Cette focalisation pourrait poser problème dans un discours nationaliste sur les effets de la colonisation sur la nation entière. Conombo suit également le même chemin que Pacéré lorsque, en voulant faire œuvre pédagogique, il fait la biographie de son père pour donner l'exemple de la vie d'un indigène à cheval entre ses traditions et la nouvelle ère instituée par la colonisation. On pourrait craindre que l'idée nationale se réduise ainsi au groupe des Mossé de l'ancien empire du Mogho Naba. Amende honorable pourrait cependant être faite à Pacéré et à Conombo en arguant qu'ils ne parlent que de ce qu'ils connaissent le mieux. Mais, ce discours reste à réviser lorsque des personnalités publiques décident de publier des ouvrages à desseins nationalistes ou ancrés dans l'idée de la nation. Les « générations montantes » (30), à qui Conombo destine la biographie de son père comme une vie exemplaire, seraient-ils exclusivement des Mossé ?

Peut-on dans ces conditions parler d'une histoire nationale ? Certes il y a possibilité de voir les récits de vies comme des "lieux de mémoire" qui, selon l'historien français Pierre Nora, sont des lieux de préservation de la mémoire d'un peuple :

> À la périphérie, l'indépendance des nouvelles nations a entraîné dans l'historicité les sociétés déjà réveillées par le viol colonial de leur sommeil ethnologique. Et par le même mouvement de décolonisation intérieure, toutes les ethnies, groupes, familles, à fort capital mémoriel et à faible capital historique. (XVIII)[9]

[9] Pierre Nora fait la distinction entre une "histoire-mémoire" et l'histoire proprement dite. L'histoire-mémoire est la célébration par

L'Afrique a un fort capital mémoriel qui est transmis oralement de génération en génération et elle doit faire la transition vers la forme écrite pour capitaliser sur son histoire, une histoire écrite qui transcende les divisions ethniques et qui s'oriente vers la nation. Dans le cas particulier du Burkina Faso, les divers témoignages sur l'époque décrite pourraient apporter à l'historien burkinabè matière à écriture d'une histoire nationale fixée sur la colonisation ou sur la période postcoloniale en fonction des auteurs. Néanmoins, dans le cercle des historiens africains, l'opportunité d'une histoire nationale est remise en cause par le Malien Doulaye Konaté dans son excellent article "Problématique de l'histoire nationale : cas de l'Afrique de l'Ouest." L'auteur, sans nier l'existence d'une conscience "nationale" chez l'Africain contemporain, émet des doutes quant à l'usage de cette épithète et son instrumentalisation dans des buts de définition identitaire avec leur corollaire d'exclusion sociale. Pour Konaté, l'écriture d'une histoire nationale respectant les frontières nationales est faisable, mais l'histoire de chaque Etat-nation Ouest-africain serait plus fonctionnelle et plus pragmatique si elle était intégrée dans un plus large projet d'histoire régionale. Ainsi, concernant le rôle de l'historien africain, il déclare :

---

différentes activités mémorielles de ce que fut le passé d'un peuple, d'une nation ; c'est ce qui a été de la tradition juive, des sociétés orales africaines, et de la France jusqu'à une certaine période ; cette mémoire est un passé vécu comme actuel. L'histoire-mémoire devient véritablement de l'histoire, selon Nora, lorsqu' elle se constitue en une science sociale, lorsqu'il y a une évaluation critique du passé. En un mot, la mémoire se vit, alors que l'histoire se construit à partir d'une critique de la mémoire. L'histoire comme science sociale serait également le passage de la nation à la société.

> Loin d'être une démarche subjectiviste, la démarche de l'historien doit consister à faire le point des connaissances historiques à éclairer les passages peu ou mal connus de cette histoire et à en proposer une lecture débarrassée des considérations "européo-centristes" dans la perspective de la construction nationale. (32)

En un mot, Konaté préconise une histoire vécue et racontée de l'intérieur et, plus loin, il s'active pour l'inclusion de nouvelles sources pour la recherche historique en Afrique. Suivant l'élan de Konaté, nous affirmons que les récits de vies comme témoignages d'acteurs burkinabè pourraient constituer une contribution valable à l'écriture d'une histoire du Burkina Faso et aideraient notamment à nous éclairer sur des périodes peu ou moins connues : la période coloniale et les années de régimes militaires de 1966 à 1991. L'enjeu de l'histoire écrite du Burkina Faso se fait pertinent à la lumière de la complication de l'accès aux archives de ce pays portant sur la période coloniale. En effet, ces archives se trouvent disséminées en France, au Sénégal, en Côte d'Ivoire, en Angleterre et même aux Etats-Unis comme en témoigne l'article "Panorama des institutions archivistiques étrangères dépositaires de sources de L'Histoire du Burkina Faso" de Didier Ouédraogo. L'historien Georges Madiéga dans son article « Conditions et perspectives de la production historique burkinabè sur les périodes coloniale et postcoloniale », parlant du démembrement de la Haute-Volta, utilise une métaphore en référence à l'histoire de la Pologne. Il parle de « polonisation » de la Haute-Volta qui rend difficile l'accès aux archives disséminées dans plusieurs territoires :

A l'intérieur du Burkina, en dépit de la création d'un Centre national des archives en 1970 (décret 70-156 du 25 juillet 1970) et de la nomination d'un directeur depuis 1973, les archives publiques ne sont toujours pas classées. Elles sont dispersées dans les provinces, entassées dans des magasins vétustes et menacées par les termites, la sécheresse ou l'humidité, etc. Elles ont été parfois purement et simplement brûlées, dans le but de faire de la place. *L'absence de sources d'archives écrites classées au Burkina hypothèque gravement la recherche historique.* (86, les italiques sont de Madiéga).

Dans son article "Le problème des sources d'archives de l'histoire coloniale de la Haute-Volta : reflet de l'évolution d'un territoire au sein de l'A.O.F." Claude Sissao aboutit à la même conclusion en relevant que la difficulté d'accès aux archives est un handicap énorme pour les historiens nationaux. Cela nous conforte dans la position que l'enjeu de l'écriture d'une histoire nationale fondée sur des récits de vies écrits par des nationaux Burkinabè est une nécessité et une nouvelle donne que devraient exploiter les historiens burkinabè dans la mesure où ces sources sont identifiables et disponibles.

CONCLUSION

Les récits de vie sont une pratique nouvelle au Burkina Faso où ils sont en plein essor et offrent de nombreuses productions à ce pays. La majeure partie des contributeurs sont des personnes ayant vécu sous la colonisation française et dont les récits de vies apparaissent comme un témoignage pour la jeune génération et la postérité. Les mémoires, en plus du discours intime qu'ils proposent, permettent aussi une connaissance plus personnelle de la période coloniale sur laquelle ils s'attardent et restituent aux yeux du lecteur burkinabè ce qu'a été le passé colonial de son pays en temps que vécu et agi par les anciens qui apportent leur témoignage. D'autre part, la vie politique avant et après les indépendances occupe également une place importante dans ce discours de mémoire. De ce fait, les mémoires sont une source non négligeable dans la connaissance de l'histoire écrite de la colonisation et devraient être pris en compte par les historiens burkinabè. La révolution burkinabè est un autre thème dominant dans le récit de vie, et plusieurs de ses acteurs en donnent leurs témoignages, plus ou moins partisans et le plus souvent contradictoires. De ces contradictions le lecteur pourra chercher une quelconque « vérité historique » et c'est ce qui fait le prix de ces divers témoignages. Avec ces documents de « seconde source », et grâce à la comparaison et à la contre-épreuve, l'historien sera en mesure de situer une quelconque « vérité historique » au-delà de ces voix et visions discordantes.

CHAPITRE II

Les mémoires d'Hampâté Bâ et de Birago Diop sur la Haute-Volta coloniale

Pendant longtemps, des Européens explorant l'Afrique ou y travaillant ont écrit leurs récits de voyage et leurs « mémoires africains » qui ont pu servir de documents de référence pour l'écriture de l'histoire « du continent noir » d'un point de vue européen. Les « mémoires » et récits de voyage d'Européens, souvent appelés « mémoires africains », ont servi à donner une version de ce que représentait l'histoire de l'Afrique sous domination coloniale.[10] Certes, ces mémoires et récits de voyage ont

[10] Il faut citer entre autres : *Terre d'ébène* d'Albert Londres (1929) ; *Vers le Tchad avec la mission Gentil. 1899-1900. Lettres du Congo et du Chari* d'Emile de Cointet (1965) ; *Mémoires pour l'histoire à Madagascar (1933-1990)* de Victor Sartre (Mgr.) (2008) ; *Histoire de l'Empire du Bornou* d' Yves Urvoy (1949) ; *Le Congo Français* de Charles de Chavannes (1937) ; *L'Afrique noire française et son destin* de Robert Delavignette (1962) ; *La Découverte des grandes sources du Centre de l'Afrique* d'Eugène Armand Lenfant (1909) ; *Histoire des Colonies Françaises et de l'expansion de la France dans le Monde* Tome 4 de Gabriel Hanotaux (1931) ; *Notes d'Histoire du Gabon* d' André Raponda-Walker (1960) ; *Afrique Equatoriale Française* de H. Zieglé (1952) ; *L'Expansion Coloniale au Congo*

de la valeur, mais il leur manque une perspective historique africaine endogène. Dans l'Afrique contemporaine, quelle est la contribution des mémoires écrits par des Africains au sujet de leur expérience dans un autre pays africain ? Et comment pourraient-ils aider à constituer des archives pour l'écriture de l'histoire du pays de résidence ? Ce chapitre est écrit à partir de la présupposition que la position européenne sur l'histoire africaine mérite d'être décentrée. Bien qu'une histoire écrite par les indigènes eux-mêmes puisse être perçue comme également partiale, le témoignage d'un autre Africain qui travaille dans une terre différente de ses origines sous la colonisation française pourrait apporter une autre perspective « moins partiale » dans la connaissance de l'histoire de ce pays de résidence.

Il faudrait souligner que le Malien Amadou Hampâté Bâ et le Sénégalais Birago Diop ont écrit leurs mémoires après les indépendances africaines. Leurs témoignages sur la Haute-Volta coloniale ne servent aucun intérêt national, puisque ni l'un ni l'autre n'est un citoyen du Burkina Faso, anciennement la Haute-Volta. Ceci est important, car leur témoignage apparaît moins partial et enrichit notre connaissance sur l'histoire de la Haute-Volta coloniale. Nous soutenons que les mémoires écrits par les Africains non indigènes au territoire où les autorités françaises les ont employés comme fonctionnaires expatriés peuvent apporter un témoignage désintéressé sur la période historique de la colonisation. Ces « mémoires » écrits par des Africains constituent des sources historiques et offrent

---

Français de Fernand Rouget (1961) ; *L'A.E.F. et le Cameroun au Service de la France* d'Adolphe Sicé (1946) ; *L'Epopée Leclerc au Sahara 1940-1943* de François Ingold (1945).

un discours complémentaire qui met le mémorialiste africain « étranger » dans une position intéressante, à mi-chemin entre l'indigène et le colonisateur ; ce qui lui permet de mieux décrire la période historique dans laquelle il a vécu. Cette position de « inoutsider » (une compression de » insider-outsider ») ainsi que le formule le critique Pius Adesanmi (ce qui correspond en Français à « témoin à la fois interne et externe ») peut compléter ce que les indigènes du pays ont écrit sur la colonisation.[11] Etudier le colonialisme du point de vue de ses agents « intermédiaires » constitue aussi pour l'historien Ralph Austen un angle de connaissance différent de « la colonisation vue du haut » (par les colonisateurs) et de « la colonisation vue du bas » (par les indigènes). Les commis et fonctionnaires africains ainsi que les interprètes dans l'administration coloniale jouaient ce rôle pendant la colonisation : "I am not alone in this concern and an entire recent volume of essays has been dedicated to the study of such colonial "African intermediaries." I contributed a chapter to this book and have continued to pursue a study of colonialism from "the middle" (as opposed to the "above" of my previous work as well as the social history "from below" that emerged in more recent decades)." (22)[12]

---

[11] Adesanmi, Pius. « inoutsider » « Redefining Paris : Transmodernity and Francophone African Migritude Fiction. » *Modern Fiction Studies*. Vol. 51, N. 4, Winter 2005, pp. 958-975.

[12] Austen, Ralph. "Colonialism from the Middle : African Clerks as Historical Actors and Discursive Subjects." *History in Africa*, Volume 38, 2011, pp. 21-33.

Selon Austen, les fonctionnaires (commis et interprètes) africains de l'administration coloniale ne décrivaient pas minutieusement leurs tâches professionnelles, mais mettaient plutôt l'accent sur les

Bien qu'il accorde de l'importance aux récits de vie d'acteurs et de témoins que furent les commis et fonctionnaires africains, Ralph Austen prend ses distances vis-à-vis de ces sources qu'il juge moins importantes que les sources primaires “primary materials” :

> But as an historian I feel my first responsibility is to tell it “wie es eigentlich gewesen ist” that is to explore primary sources which give us a more reliable account of what clerks and interpreters did rather than how they were imagined or imagined themselves in memory. My ultimate goal is to bring together the histories of both these figures (along with

---

irrégularités du système colonial alors qu'eux-mêmes se trouveraient à la périphérie de l'action, ce qui rendrait leur témoignage peu digne de foi :

> “Yet, like the archives, these works again emphasize the transgressions rather than regular performance of administrative duties by their central figures.” (28)
>
> “Otherwise the African “fonctionnaires,” if depicted at all, are placed at the periphery of the main action (almost always outdoors) literally between the dominant white colonial figures and “true natives” (the documentary basis for my original “indirect rule” sin).” (30)
>
> “The photo from a Mossi village in Haute Volta in some sense serves as a conclusion to the very inconclusive present essay. It places African clerks “in the middle” of colonialism but also threatens to leave them somewhat unknowable so long as they do not step outside the boundaries of this designated, somewhat privileged, but also clearly restricted space.”(30)

Seuls les récits de vie d'Amadou Hampaté Bâ et de Bernard Dadié constituent des exceptions pour Austen. Le point de vue d'Austen, quoiqu'original, dénie aux Africains le droit de se forger des archives mémorielles. Nous soutenons plutôt qu'en raison de l'absence ou de l'éloignement des sources de la colonisation française en Afrique, les historiens africains devraient valider les témoignages des fonctionnaires qui furent les intermédiaires du pouvoir colonial, mais qui peuvent mieux nous renseigner sur cette période. Leurs récits de vie doivent être considérés comme des archives qui complètent ou corrigent ce qui existe déjà et qui était contrôlé par le colonisateur.

some associated African clerks) and their representations in various forms of obviously subjective writing. (22)

Notre position est à l'opposé de celle d'Austen en ce que nous prônons une approche de l'histoire coloniale africaine d'un point de vue décentré qui privilégie le point de vue des Africains ayant subi le joug colonial. Nous rejoignons toutefois Austen dans la validation du point de vue des « intermédiaires » africains de l'administration coloniale. En effet, ce point de vue introduit une « histoire par le milieu » qui innove par rapport à « l'histoire par le haut » et « l'histoire par le bas » qui ont dominé les études historiques sur la colonisation. Nous allons plus loin en soutenant que les récits de vie de fonctionnaires africains expatriés apportent un autre éclairage sur la période et sur le pays où ils ont servi. Ces récits peuvent même s'avérer moins partiaux, car ils ne sont pas inscrits dans un projet nationaliste, mais donnent un témoignage désintéressé et présentent le compte rendu presque naïf des événements auxquels les auteurs ont participé ou qu'ils ont observés. L'écriture de la mémoire collective est une forme de transmission des aînés à la génération plus jeune. En tant que traditionaliste et gardien de la mémoire africaine le Malien Amadou Hampâté Bâ a une fois déclaré : « En Afrique, quand un vieillard meurt, c'est une bibliothèque qui brûle. » Ce chapitre articule le paradoxe que, aujourd'hui dans l'Afrique postcoloniale, des mémoires écrits par des Africains expatriés pendant la colonisation peuvent donner un point de vue complémentaire sur l'histoire du pays où ils ont vécu et ont travaillé. *Oui, mon Commandant ?* (1994) d'Amadou Hampaté Bâ et *À Rebrousse-temps* (1982) de Birago Diop sont deux exemples qui peuvent éclairer l'histoire de la Haute-Volta coloniale, aujourd'hui le Burkina Faso. Quand des auteurs africains prennent leurs plumes pour écrire au sujet d'une expérience antérieure partagée, ils donnent également différentes visions de ce passé, contribuant de ce fait à une véritable approche historique qui pourrait servir aux historiens et aux critiques africains au vingt et unième (21ème) siècle.

D'emblée, le terme « mémoires africains » tel qu'employé par les Occidentaux est fallacieux parce que ces « mémoires africains » écrits par des Européens sur l'Afrique pré-coloniale et coloniale ont servi d'archives pour l'écriture d'une « histoire africaine » pour des Européens. Par conséquent, ces mémoires de coloniaux ne sont pas d'une grande utilité pour une histoire africaine d'un point de vue africain. Les mémoires africains tels que nous les envisageons ici signifient des mémoires écrits par des Africains témoins du colonialisme en Afrique et qui ont écrit à son sujet comme témoignage sur cette période historique. Les mémoires jouent un rôle puissant pour une vision endogène sur l'histoire d'un territoire précédemment sous le joug et la colonisation occidentale comme l'affirment les rédacteurs de la revue *Jerusalem Quarterly* en prenant l'exemple du peuple d'Israël sous mandat britannique :

> In some ways memoirs are like photographs ; through them a world we never knew comes to life. And like pictures, memoirs too frame certain subjects and fix them in time, thus shaping and configuring our memories about the past. In this sense, memoirs fill the gaps that exist in our understanding of the histories with which we often claim familiarity, but which often prove elusive. For a period in our history, such as that of the British Mandate, for example,

would remain an unfamiliar territory if it were not for the eyewitness accounts of daily life such as those of Wasif Jawhariyyeh. [13]

Cependant, certains historiens pourraient objecter que les mémoires écrits par des indigènes luttant pour leur indépendance seraient partisans ou incertains dans le rendu des faits historiques. Telle a été la critique faite à la rébellion des Mau Mau au Kenya. Le critique Marshall S. Clough, dans *Mau Mau Memoirs : History, Memory, and Politics* (1997), tout en reconnaissant le rôle historique important de ces mémoires, cite également le critique kényan Wuyumbary Maloba sur ses réserves au sujet de l'utilisation des mémoires des Mau Mau en tant que sources principales pour l'histoire du Kenya. Clough déclare que les réserves de Maloba au sujet des mémoires sont compréhensibles, mais exagérées (page 18). Il est donc légitime d'avoir des réserves sur des mémoires écrits par les ressortissants d'un pays qui ont lutté pour son indépendance et ont écrit leur version de cette histoire. Pour éviter que de telles réserves entachent la valeur des témoignages historiques, il est utile que l'on accorde un plus grand intérêt aux mémoires « étrangers » dans la reconstitution de l'histoire africaine francophone. Nous voulons dire que les mémoires écrits par « l'autre » Africain non ressortissant d'un certain pays peuvent donner une perspective impartiale sur l'histoire de ce pays. Le Malien Amadou Hampâté Bâ et le Sénégalais Birago Diop ont écrit leurs mémoires à partir d'une position

[13] "Memoirs as History." Editorial. *Jerusalem Quarterly.* File Issue 9, 2000. Source :
http ://www.jerusalemquarterly.org/2000/jqf9/editorial.html

d'exil en Haute-Volta. *À Rebrousse-temps* et *Oui, mon Commandant,* publiés après les indépendances, offrent un compte rendu désintéressé sur l'histoire du Burkina Faso colonial. Ces mémoires « étrangers » donnent une perspective à la fois interne et externe (« inoutsider ») sur le colonialisme français en Haute-Volta. Diop et Bâ sont étrangers à la Haute-Volta et sont cependant des étrangers d'un autre type : ils sont différents du colonisateur, car ils sont également des Africains subissant le joug colonial français. Il faudrait préciser que dans un livre historique concernant « la Haute-Volta coloniale » *La Haute-Volta coloniale : Témoignages, recherches, regards* (1995) il n'y a aucune mention de mémoires, même si des biographies sont mentionnées. Par ailleurs il n'y a aucune mention des mémoires écrits par des Burkinabè (ce manque est compréhensible, car il n'y avait pas de productions alors. C'est seulement quelques années plus tard que de nombreux mémoires par des auteurs Burkinabè seront produits). Il n'en demeure pas moins qu'il existait au moment de la publication de *La Haute-Volta coloniale* au moins deux mémoires qui traitent pour la plupart de la Haute-Volta coloniale et qui sont écrits par les deux ressortissants étrangers : Hampâté Bâ et Birago Diop. Comme mémorialistes africains étrangers à la Haute-Volta, Bâ et Diop apportent, de notre point de vue, un regard désintéressé et impartial dans leurs comptes rendus historiques. Ils sont étrangers au pays et à la culture et sont utilisés comme agents de l'administration coloniale française. Ce raccordement à distance avec les Africains qu'ils gouvernent comme auxiliaires du colonialisme donne à leur témoignage plus de substance. Ni Bâ ni Diop n'avait mis les pieds en Haute-Volta avant la colonisation française, excepté le père adoptif de Bâ, Tidjani Tall, qui a par le passé gouverné avant l'arrivée des Français une petite province de la Haute-Volta, Louta, non loin de Tougan [En note 59 de *Oui, mon Commandant*, Bâ explique : « Naaba (roi en langue mossi : surnom familier de mon père adoptif Tidjani Tall, ancien chef (ou « roi ») de la province de Louta) ». Tout le chapitre V « A Tougan, sur les traces de mon père Tidjani » (337-411) porte la trace des souvenirs et de la reconnaissance que les populations ont conservés de la chefferie de Tidjani Tall.] Dans leur position d' « inoutsider » Bâ et Diop deviennent à la fois des sujets et des acteurs de l'histoire de la colonie. La situation intermédiaire de Bâ en tant que fonctionnaire de l'administration française avec des liens étroits avec des Africains le met en position d'aider certains Africains dans leurs démêlés avec les autorités françaises. Elle l'aide également à aider les Français dans leur administration des Africains. Bâ intègre les deux cultures auxquelles il est étranger (la voltaïque et la française) et devient un excellent médiateur dans sa représentation des réalités historiques et sociales de la Haute-Volta coloniale.

Hampâté Bâ entre la constitution de la Haute-Volta et son démembrement

Dans *Oui, mon Commandant*, Bâ est envoyé à Ouagadougou comme punition disciplinaire en tant que "*écrivain temporaire à titre essentiellement précaire et révocable*" c'est-à-dire comme commis expéditionnaire de troisième classe, au plus bas de l'échelle administrative en mars 1922. Cette date correspondait à la troisième année de la constitution de la colonie de la Haute-Volta comme territoire autonome (1919). Bâ a travaillé dans diverses régions de la Haute-Volta (Ouagadougou, Ouahigouya, Dori, Bobo-Dioulasso, Tougan, Houndé et Dédougou). Bâ a passé onze années de sa vie, qui correspondent au début de sa vie d'adulte, en Haute-Volta : de 1922 à 1933. Le témoignage de Bâ sur cette période particulière de la Haute-Volta est très instructif, puisqu'il est placé entre le premier établissement de la Haute-Volta (1919) et son démembrement en 1932. L'importance du témoignage de Bâ sur l'histoire de la Haute-Volta coloniale est préparée par sa curiosité pour les peuples de la Haute-Volta et le nouveau territoire qu'il découvre. Il se fera conter deux fois l'histoire de l'origine des empires (de Ouagadougou et du Yatenga) et de leur gouvernement une fois par « Sidi », un homme attaché à l'interprète du Commandant de cercle de Ouahigouya, et une autre fois par le « roudouga » (généalogiste et violoniste en chef du Mogho Naba) lors d'une séance récréative des envoyés du Mogho Naba en son honneur (164-172). Par la suite, il deviendra le protégé ou l'ami du Mogho Naba (172). *Dans Oui, mon Commandant*, le séjour de Bâ en Haute-Volta occupe la plus grande partie, car elle s'étend de la page 84 à la page 445 (soit 361 pages sur un total de 508 pages) ; les autres parties se déroulent au Mali avant et après le séjour de Bâ en Haute-Volta.

Sur le pouvoir redoutable et illimité des administrateurs coloniaux surnommés les « dieux de la brousse » par les indigènes, Bâ relate l'épisode de la confrontation entre le commandant de cercle de Coutouly (administrant le cercle de Dori) et le capitaine « Asselwander » (traduction phonétique donnée par Bâ). Dans cette confrontation, ce fut le commandant qui eut le dernier mot sur l'officier militaire français. Ce dernier, offusqué par la mise en berne du drapeau français sur ordre du commandant lors de la mort de son fils, traita le fils défunt du commandant de « votre petit négrillon. » Ceci provoqua l'ire du commandant qui menaça d'expulser le capitaine de la colonie et de le faire rapatrier en France par le Sahara. Le commandant de Coutouly avait en effet épousé une femme peule (ce qui était rare à l'époque) dont il avait eu des enfants métis. La menace du commandant de Coutouly fut textuellement mise en exécution par la haute hiérarchie administrative coloniale et le capitaine fut effectivement déporté de la Haute-Volta en quelques jours :

> Le capitaine ignorait sans doute qu'à la colonie un Blanc pouvait tout se permettre, sauf se frotter à un administrateur colonial. Tout le monde, Blancs et Noirs, était à la merci des administrateurs coloniaux. Ils étaient là comme une pierre au milieu d'un tas d'œufs : si un œuf tombe sur la pierre, l'œuf se casse ; si c'est la pierre qui tombe sur l'œuf, c'est encore l'œuf qui se casse. L'œuf est toujours perdant. De même, un administrateur colonial, qu'il ait raison ou tort, avait toujours raison sur son adversaire. (214)

Cette illustration de Bâ sur le pouvoir démesuré des administrateurs coloniaux sera néanmoins contredite et tempérée plus tard dans les deux épisodes mettant en confrontation des administrateurs et des indigènes : les chapitres « Commandant de cercle contre chef peul » (243-257) et « le commandant de cercle libidineux et le marabout » (258-296). Dans les deux cas, les indigènes eurent gain de cause et le commandant de Lopino fut même expulsé de la Haute-Volta suite à sa confrontation avec le chef peul Ouidi Sidibé.

Les mémoires de Bâ donnent également l'histoire interne et politique de la Haute-Volta qui englobe les Français et les Voltaïques. Bâ a travaillé directement avec d'importants administrateurs comme le Gouverneur Edouard Hesling, le commandant de cercle Fournier et l'inspecteur Robert Arnaud. Il nous donne une perspective interne, une appréciation et une critique de ces administrateurs et des événements dans lesquels ils ont été impliqués dans l'histoire. Bâ va même jusque décrire l'action exemplaire de certains d'entre eux tels que le Commandant Fournier qui, contre l'influence croissante de l'archevêque Mgr Thevenoud (ironiquement surnommé « le Richelieu de l'Afrique de l'Ouest ») et de la mission catholique, a soutenu et défendu des Africains musulmans employés dans l'administration contre l'allégation que ces derniers complotaient pour répandre l'Islam dans la colonie : « Dans l'histoire de l'administration coloniale, il [Fournier] n'était pas le seul à oser prendre cette attitude. De tels comportements méritent d'être précisés, et prouvent, s'il en était besoin, qu'on ne devrait pas mettre tous les administrateurs coloniaux dans le même panier. » (344) Bâ dira à peu près la même chose du Gouverneur Hesling et de l'inspecteur Robert Arnaud, hommes probes, épris d'une justice égalitaire, et qui faisaient l'exception à l'époque coloniale. Ce commentaire de Bâ pourrait s'adresser aux historiens africains pour les mettre en garde contre une généralisation abusive sur le rôle des administrateurs coloniaux.

Dans ses mémoires, Bâ révèle que des fonctionnaires africains furent des acteurs secrets dans certaines décisions importantes. Dans l'histoire opposant les fonctionnaires africains musulmans et Mgr. Thévenoud au sujet de la diffusion de l'Islam dans la colonie, surtout dans la région de Toma, Bâ raconte comment lui-même a pu avoir l'information de première main de la réponse écrite du gouverneur avant qu'elle ne soit lue par aucune autre personne.

> Les fonctionnaires indigènes avaient tissé entre eux une sorte de réseau amical qui leur permettait, au nez et à la barbe de l'administration, d'infléchir parfois le cours des choses, ou même d'empêcher certains administrateurs ou chefs de bureaux politiques mal intentionnés de parvenir à leur fin. Mamadou Djibrila et Mintara Ouattara, unissant leurs efforts, réussirent à mettre la main sur le rapport du Commandant Fournier. (345 et 346)

Djibrila et Ouattara, à la demande de Bâ, réussirent donc à lire la décision du gouverneur avant qu'elle ne soit rendue publique : « Le gouverneur y avait noté en marge « Document objectif dont il faut tenir compte. Demander à Mgr. Thévenoud de conseiller mesure et prudence au supérieur de la mission de Toma. Affaire à classer. » (346) Ce réseau des fonctionnaires indigènes permit à Bâ non seulement d'avoir la primeur de l'information, mais aussi de rassurer le commandant Fournier qui avait pris la défense des indigènes musulmans et qui s'inquiétait de la décision du gouverneur. Bâ a usé du même privilège pour éviter une injustice dans l'escalade d'inimitié entre le chef peul Idrissa Ouidi Sidibé et le commandant de cercle De Lopino qui avait menacé le chef peul de déportation de la colonie. [Chapitre « Commandant de cercle contre chef peul », 243-258]. « Quelque temps après mon arrivée survint une très importante affaire qui aurait pu finir très mal, et même, si Demba Sadio et moi n'avions pu agir à temps, qui aurait pu provoquer, chez les Peuls du cercle de

Dédougou, une révolte sanglante inévitablement suivie d'une répression impitoyable. » (243) A l'annonce de l'arrivée du nouveau Commandant de Lopino, le chef Ouidi Sidibé lui offre des cadeaux selon la tradition de l'époque, mais celui-ci les refuse, ce qui constitue un affront pour le chef Sidibé. Sidibé fait instantanément, et en sa présence, en langue peule, une remarque acerbe contre ce commandant iconoclaste. De Lopino devient alors l'offensé, car il comprend et parle très bien le peul, et il le dira à Sidibé dans cette langue lors d'une autre entrevue. Malgré les supplications de Sidibé dans la tradition peule, allant même jusqu'à s'agenouiller et à s'humilier devant le Commandant dans une attitude de demande de pardon, ce dernier reste intransigeant et menace de l'expulser de son canton et de la colonie :

> Comme je l'ai dit précédemment, au cabinet du gouverneur j'étais chargé du courrier « à l'arrivée », tandis que mon ami Demba Sadio, s'occupait du « courrier départ ». Je fus donc le premier, un matin, à prendre connaissance du télégramme du commandant de Lopino et, à travers lui, du message de l'administrateur Froger. Je le communiquai immédiatement à Demba Sadio. Nous avions entendu parler du grave différend qui avait opposé le commandant de cercle au chef peul, et le piège tendu à ce dernier nous parut évident. Il ne nous fallut pas longtemps pour nous décider : « Puisque les administrateurs des colonies nous donnent l'exemple de la solidarité, pourquoi, de notre côté, n'userions-nous pas des moyens dont nous disposons pour sauver le chef Idrissa Ouidi, peul comme nous, des griffes de de Lopino ? (252-53)

Bâ retarda la lecture du télégramme du commandant de Lopino par le gouverneur, afin de permettre à ce dernier d'entendre d'abord Ouidi Sidibé alors en route vers

Ouagadougou. Ce subterfuge permit au gouverneur de se faire une idée de l'accusé et d'entendre son témoignage avant de lire le télégramme accusateur de de Lopino. Ces actions de Bâ et des autres auxiliaires africains ont empêché des décisions injustes qui auraient pu avoir des répercussions historiques négatives. Le gouverneur, jugeant excessifs et le comportement et la requête de de Lopino de déporter Ouidi Sidibé de la Haute-Volta, décida plutôt de maintenir Ouidi Sidibé et d'affecter de Lopino lui-même au Niger par décision du gouverneur général de l'A.O.F. à Dakar. Dans cette perspective, les mémoires de Bâ établissent une autre définition de l'histoire : l'histoire, c'est aussi ce qui a été évité, ce qui n'a pas eu lieu, et qui aurait pu avoir des conséquences fâcheuses comme la possible déportation du chef Sidibé et l'inéluctable rébellion de ses congénères contre l'autorité française qui s'en serait suivie. Dans une moindre mesure, l'autorité des agents indigènes est aussi illustrée dans l'action de Bâ en faveur du commandant de cercle Saride. Ce dernier fut jugé dans une affaire libidineuse et adultère contre l'indigène et le marabout Haman Nouh et sa femme Aminata Diallo. Dans l'incertitude de la décision de justice, Saride demanda à Bâ de l'informer du jugement avant qu'il ne soit rendu public, afin d'en être le premier informé pour prendre des dispositions conservatoires.

Bâ fait également son exposé sur la diffusion de l'Islam et des efforts des autorités coloniales françaises qui voulaient l'endiguer en utilisant parfois des méthodes injustes. Le témoignage de Bâ, quoique biaisé puisqu'il était lui-même musulman et eut à subir les actions de l'Église catholique, paraît cependant sincère et mesuré. Son témoignage pourrait intéresser des historiens travaillant sur l'état de l'islam dans la colonie de Haute-Volta et ses relations tumultueuses avec l'Église. Paradoxalement, il se dégage du témoignage de Bâ que l'administration et l'Église n'avaient pas les mêmes idées ou craintes vis-à-vis de l'Islam puisque des administrateurs prirent le parti d'indigènes musulmans contre l'Église. Ceci est aussi une correction et une déconstruction de l'opinion généralement admise en Afrique selon laquelle la colonisation aurait été le fruit d'un partenariat harmonieux de l'administration coloniale et de l'Église.

Bâ adopte une posture d'historien lorsqu'il fait l'historique de la colonisation de l'Afrique occidentale française : les Sénégalais, d'abord conquis par les Français, sont ensuite devenus des conquérants de l'Afrique de l'Ouest aux côtés des Français. Bâ en tire une conclusion psychologique en déclarant que c'est cela qui explique l'attitude de supériorité que les Sénégalais ont montrée pendant la période coloniale et qui, selon des sources récentes, existerait encore (116 et 117). Bâ se fait alors l'historien de la stratégie coloniale : « Après l'invasion militaire, ce fut l'invasion administrative, les fonctionnaires des anciennes colonies allant occuper des postes dans les nouvelles colonies. Ainsi, par un phénomène plus ou moins consacré par l'histoire, les auxiliaires des conquérants se considéraient comme des conquérants eux-mêmes, et s'estimaient supérieurs aux vaincus. » (117)

En mars 1933, Bâ quitte Ouahigouya et la Haute-Volta peu de temps après le démembrement de la colonie (433). Le point de vue de Bâ paraît intéressant sur les raisons profondes de la dislocation de la colonie de Haute-Volta.

Selon Bâ, reprenant les rumeurs de ses contemporains, le démembrement de la Haute-Volta était plus le résultat de l'influence des chambres de commerce en France sur le ministère des colonies à Paris plutôt qu'une simple réorganisation administrative. Officiellement, ce démembrement répondait aussi à un besoin pour les autorités coloniales d'un « aménagement des ressources naturelles » (438) Cette reprise des rumeurs par Bâ indique que les Voltaïques et les contemporains de l'auteur n'étaient pas dupes des raisons réelles du démembrement de la Haute-Volta. Cet acte fut vécu comme un vol d'identité et une injustice, car au-delà de l'idée officielle d'aménagement des ressources naturelles, il s'agissait principalement de mettre les ressources humaines (la Haute-Volta, moins pourvue par la nature, détenait la plus forte densité humaine en Afrique Occidentale Française) au service de la Côte d'Ivoire riche en ressources naturelles.

Birago Diop entre le démembrement et la renaissance de la Haute-Volta

Le Sénégalais Birago Diop est envoyé en mission de travail comme vétérinaire en Haute-Volta de mai 1945 à avril 1950. Il y passera donc cinq années de sa vie d'adulte après la deuxième guerre mondiale. Dans le deuxième volume de ses mémoires, *À Rebrousse-temps* (1982), Diop fait un exposé vif de l'histoire et des figures historiques de la Haute-Volta à un moment crucial où, par décision stratégique des autorités coloniales françaises, et par le décret du 5 novembre 1932 (le 5 septembre, selon Bâ) le pays a été démembré et réparti entre le Soudan français (l'actuel Mali), la Côte d'Ivoire et le Niger. La Côte d'Ivoire a obtenu la majeure partie du territoire de la Haute-Volta, qui s'est alors appelée « la Haute-Côte d'Ivoire ». Le témoignage de Diop s'étend de la période du démembrement où la plus grande partie de la Haute-Volta était devenue la Haute-Côte d'Ivoire, se muant en une simple région de la colonie de Côte d'Ivoire, à celle du rétablissement du territoire de la Haute-Volta en 1947 dans ses frontières initiales de 1919. Né à Dakar et vétérinaire dans l'administration coloniale française, Birago Diop partage une situation très complexe : citoyen français par sa naissance dans une des quatre communes du Sénégal (Dakar-Rufisque-Saint-Louis-Gorée), il a épousé (Paule) une Française. Pourtant, en dépit de sa situation privilégiée, il est resté toujours en contact avec les Africains, et ne montre jamais de signe de supériorité à l'encontre des Africains indigènes par rapport auxquels il a été classifié comme « évolué » (celui qui a eu un certain degré d'évolution par l'enseignement conventionnel français). Mieux, « citoyen » colonial pourvu de droits, Diop est à égalité avec les coloniaux français qu'il fréquente au point de s'y faire des amitiés de longue durée. Contrairement à Bâ, Diop intègre la sphère privée des colonisateurs et ses observations et points de vue donnent une représentation plus nuancée des colonisateurs, alors que Bâ révélait seulement leur dimension publique et leur influence politique. Comme pour Bâ, le témoignage de Diop est également celui d'un témoin à la fois interne et externe « inoutsider » car, comme vétérinaire, il est appelé au devoir dans diverses régions de la Haute-Volta : Ouagadougou, Bobo-Dioulasso, Dédougou, Koudougou, Kaya, etc..

Dans son article “Birago Diop, mémorialiste” Koffi Anyinefa affirme que les critiques ont accordé très peu d'intérêt aux mémoires de Birago Diop. Il attribue ce manque d'intérêt (à l'inverse du grand intérêt que la critique montra pour les mémoires de Bâ) au caractère disparate de ces mémoires dont certains s'apparenteraient à des journaux sans grand style. Selon Anyinefa la désaffection de la critique pour les mémoires de Diop viendrait du manque d'esthétique dans la narration, Diop préférant le factuel à la fiction. Nous pensons que l'opinion d'Anyinefa, quoique justifiée en ce qui concerne le caractère général des cinq volumes de Diop (surtout les trois derniers), est battue en brèche dans le deuxième volume *A Rebrousse-temps* où, au-delà des faits, l'auteur fait une narration cohérente qui maintient l'intérêt du lecteur. Dans ce deuxième volume des mémoires de Diop, la seule incohérence est son affaire avec la compagnie Peyrissac. La narration de cette affaire (et de l'action de Diop) paraît sans fil conducteur, dispersé dans plusieurs parties de son livre. Il en ressort que le lecteur doit faire un effort de recoupement et d'unification pour se donner une idée claire du point de vue de Diop. A cet effet, devant le travail de recomposition que demandent les mémoires de Diop, Anyinefa a raison d'affirmer :

> « Peut-être d'autres chercheurs, des historiens par exemple, trouveraient-il à ces mémoires un plus grand intérêt ? » (964)

> « Dans les deuxième et troisième volumes, Diop couvre la période allant de la Deuxième guerre mondiale, à la fin de l'ère coloniale. Il y raconte sa vie de vétérinaire colonial. L'historien pourra apprécier, comme Riesz, la description des relations sociales à l'époque coloniale du point de vue

d'un fonctionnaire colonisé ainsi que le portrait, il est vrai rapide, que donne Diop de l'élite politique ouest-africaine naissante qu'il a côtoyée au cours de sa carrière. » (963) [14]

En effet, Birago Diop est un excellent portraitiste, car il donne la description complète de chaque personne historique qu'il a croisée. Son récit se déplace entre le passé et le présent puisqu'il emploie l'Imparfait et le Passé simple pour parler du passé et il utilise le Passé composé et le Futur pour expliquer la trajectoire d'une personne au présent. La perspective de Diop est différente de celle de Bâ qui, lui, se concentrait exclusivement sur le passé et ne faisait aucune référence au présent. Diop établit donc un lien entre sa perception de l'individu dans le passé et ce qu'il est devenu dans le présent, au moment de l'écriture de ses mémoires : "Gérard Kango Ouédraogo, alors mince et élancé, élégant et distingué. Neveu du Yatenga Naba de Ouahigouya, il sera affecté à Dakar au départ de M. Mourgues, grâce à la compréhension du Haut Commissaire Béchard. Il deviendra par la suite député, ministre, puis Premier ministre de la Haute-Volta. » (71) Selon Bougouraoua Ouédraogo dans son article "L'Assemblée territoriale de la Haute-Volta : 1948-1952" :

> Le Gouverneur était servi dans sa tâche de destruction par des auxiliaires locaux trop zélés. Parmi ces « collaborateurs », citons le Capitaine Michel Dorange. Ce

---

[14] Anyinefa, Koffi. "Birago Diop, mémorialiste." *The French Review* 84.5 (2011) : 956-965. Anyinefa conclut son article en déclarant que ces mémoires serviront à l'histoire du Sénégal. Nous pensons toutefois que le volume deux des mémoires de Birago Diop, *A Rebrousse-temps*, largement consacré à son long séjour en Haute-Volta coloniale, servira à l'histoire du Burkina Faso.

Français a été transformé en responsable politique voltaïque par les soins du gouverneur Mouragues, et à la faveur de la cécité des fils du pays qui servaient d'instruments d'appoint à la politique colonialiste. (481)[15]

Dans un autre article, Salfo Albert Balima interviewe Michel Dorange sur sa participation à la politique de la Haute-Vota « Entretiens avec le colonel Michel Dorange de la Haute-Volta (mars 1980) » où Dorange défend son legs en Haute-Volta et soutient qu'il était victime d'un malentendu.[16] Sur la participation politique du Capitaine Dorange, une source impartiale est *À Rebrousse-temps* où Birago Diop décrit ainsi Dorange : "A la tête du cabinet militaire, il y avait le Capitaine Michel Dorange, calme, pondéré, raffiné, même « précieux ». Il allait prendre sa retraite incessamment pour se consacrer aux œuvres sociales des Anciens Combattants mossis (la majorité en Afrique noire), nourris de discipline (atavique et guerrière). » (70) Nous notons que Diop avait une appréciation positive du rôle du Capitaine Dorange dans son action pour la Haute-Volta. Même si cela n'est qu'un jugement de valeur étranger, cela contribue à nuancer le point de vue de certains acteurs indigènes de la Haute-Volta comme Bougraogo Ouédraogo.

Diop fait la révélation qu'en mai 1945, et pour la première fois dans l'histoire de l'industrie agricole de la

---

[15] Ouédraogo, Bougraoua. « L'Assemblée territoriale de la Haute-Volta : 1948-1952. ». *La Haute-Volta coloniale : Témoignages, recherches, regards*. ». Massa, Gabriel, Madiéga, Georges, eds. Paris : Karthala, 1995. 475-482.

[16] Balima, Salfo Albert. « Entretiens avec le colonel Michel Dorange de la Haute-Volta (mars 1980) »*La Haute-Volta coloniale : Témoignages, recherches, regards*. ». Massa, Gabriel, Madiéga, Georges, eds. Paris : Karthala, 1995. 483-493.

région, Félix Houphouët-Boigny est allé en Haute-Côte d'Ivoire dans le cercle Mossi pour recruter des « ouvriers volontaires » pour des plantations de café et de cacao en Basse-Côte d'Ivoire. Ceci est une information qui pourrait être utile aux historiens et aux chercheurs travaillant sur les relations quelque peu tumultueuses entre la Côte d'Ivoire et le Burkina Faso.

> Cette délégation, conduite par Félix Houphouët, et que le gouverneur de la colonie lui-même avait rejointe à Bobo-Dioulasso sur le chemin du pays mossi, était allée, pour la première fois de l'histoire de la main-d'œuvre agricole de la région, recruter des « travailleurs volontaires » pour les plantations de la Basse et de la Moyenne Côte d'Ivoire. (63)

Diop va jusqu'à qualifier ce recrutement d'« historique » parce qu'il a marqué la fin d'une ère, celle du contrôle par le colonisateur des productions de plantations et du commerce de la Côte d'Ivoire : « Mais Félix Houphouët, qui était resté depuis toujours le 'médecin de brousse', n'avait pas oublié son lit picot pour cette 'tournée de recrutement'. Qui deviendra historique, parce qu'elle marquait le début de la fin d'une ère, celle des colons de la Côte d'Ivoire. » (64)

Birago Diop décrit également comment lui-même a détruit en 1946 le monopole de la compagnie Peyrissac sur l'exportation de bétail de la Haute-Côte d'Ivoire vers la Basse-Côte d'Ivoire avec l'appui du gouverneur de la Basse-Côte d'Ivoire, André Latrille, et comment cette « victoire » a été plus tard politisée dans les cercles africains. Avant cela, les éleveurs de bétail et les négociants du Nord (la Haute-Côte d'Ivoire) devaient vendre leurs produits exclusivement à Peyrissac plutôt que les vendre directement à leurs clients, les bouchers de la Basse-Côte d'Ivoire (140). Diop sera menacé d'être révoqué par les autorités coloniales qui ont amalgamé sa lutte contre l'entreprise Peyrissac et son appartenance supposée au R.D.A, alors combattu par l'administration : « Cette menace proviendra de l'amalgame, fait par Abidjan, de la politique ivoirienne née du R.D.A et de mes démêlés (comme chef de service par intérim, puis chef de la circonscription de Bobo-Dioulasso) avec les entreprises Peyrissac, importateurs de bétail pour la Basse-Côte d'Ivoire. » (70) La compagnie Peyrissac était seule habilitée à exporter du bétail au-delà de Bouaké suivant un arrêté du gouvernement de Vichy : « Seule la Maison Peyrissac avait le droit d'introduire, par wagons (les KW-2 qui seront un bon moment mon souci principal de chef de service par intérim), des bœufs de boucherie « au-delà de Bouaké », d'après un arrêté promulgué du temps de Vichy. » (122) Birago Diop commence le bris du monopole de Peyrissac par un entretien avec le Gouverneur de la Côte d'Ivoire André Latrille (139). Le Gouverneur Latrille le reçoit et appuie son action contre le monopole de Peyrissac en abrogeant l'arrêté injuste de Vichy :

> J'avais laissé entendre que je m'étais intéressé à Bobo-Dioulasso et à la région du Nord spécialement pour la question du bétail et le ravitaillement en viande des postes du centre. Pour « étudier le mal à sa source administrative ». Et plus précisément les conséquences du « vrai mal », qui était l'attribution par arrêté spécial des wagons de bétail. (139)

Le Gouverneur Latrille abrogea cet arrêté « discriminatoire et monopolistique » datant du temps du gouvernement collaborateur de Vichy lors de l'occupation de la France par l'armée d'Hitler. Après le départ du gouverneur Latrille en 1947, cette victoire de Diop sur Peyrissac sera politisée, car on l'amalgamera avec les activités du R.D.A. auquel Diop n'appartenait pas (140). Cependant, il faut souligner que le rôle que Diop jouera dans le bris du monopole de Peyrissac n'apparaît pas de façon unifiée dans *À Rebrousse-temps.* Le lecteur doit faire un travail de regroupement comme nous l'avons fait, pour voir les péripéties de cette affaire. L'impression qui s'en dégage, au-delà d'une quelconque maladresse de l'auteur, c'est que ce combat fut de longue haleine, et Birago Diop fait preuve d'une grande modestie alors qu'il a joué dans cette affaire un rôle historique majeur en temps qu'acteur de premier plan. Diop raconte discrètement comment Peyrissac avait essayé de le corrompre dans son action contre son monopole (135).

Diop donne aussi un important témoignage sur les manigances de l'administration coloniale contre la montée du Rassemblement Démocratique Africain (R.D.A.). Il montre comment l'administration a sanctionné Maurice Yaméogo et René Bassinga :

> À l'Agence Spéciale, René Bassinga Bagoré, le benjamin de l'équipe, mûr dans son assurance et son accueil. Il sera affecté plus tard au Service des Finances de Bobo-Dioulasso, dans le mouvement de regroupement sur la capitale économique des leaders voltaïques du R.D.A. par le gouverneur Mouragues. « A Bobo, calculera celui-ci, ils se dévoreront entre eux du fait de leurs rivalités personnelles dans le parti. » Mouragues aidera d'ailleurs beaucoup à cette division. Et, grand chef, il ajoutait : « Et puis là-bas j'ai Rouvillois (le commandant de cercle), Canale (le directeur de la Sûreté) et la D.M.A./2 (l'Armée). » (76)

Le témoignage de Diop est important parce qu'il montre les conditions contraignantes pour les Africains de faire la politique pendant la colonisation, même après la fin de la deuxième guerre mondiale, censée apporter plus de liberté dans les colonies. Son témoignage est d'autant plus crédible que Birago Diop, en qualité de Sénégalais et de citoyen français, traitait à égalité avec les administrateurs français qu'il fréquentait et avec qui il avait des liens d'amitié, comme le gouverneur Mouragues dont il rapporte les propos au style direct dans la citation ci-dessus. D'après Diop, le « crime » de René Bassinga aura été d'avoir hébergé le leader du R.D.A, Ouezzin Coulibaly, contre l'avis du gouverneur de la Haute-Volta, Mouragues (76). Selon Diop, Bobo-Dioulasso a été transformé en un « camp de concentration » de l'élite politique africaine dans l'après-guerre :

> « La direction de la Sûreté et de la Police restera à Bobo-Dioulasso (déjà considéré comme un « bouillon de culture politique » et qui sera le camp de concentration des fonctionnaires africains leaders du R.D.A.). » (167)

> « Le commandant de cercle de Bobo-Dioulasso Rouvillois sera Délégué du Gouverneur. Il sera convoqué spécialement à Ouagadougou par Mouragues pour recevoir des consignes en ce qui concernait surtout le personnel africain et la « concentration » des leaders du R.D.A. à Bobo-Dioulasso. [...] La direction de la sûreté et de la Police, pour les mêmes fins, restait aussi à Bobo. Bobo-Dioulasso sera mis en vedette, apparemment, et considéré comme « point névralgique » et « abcès de fixation » dans la lutte particulière contre le R.D.A. » (175-76)

L'usage du terme « camp de concentration » par Diop n'est pas neutre, car il introduit un point de vue comparatiste et accusateur sur la politique après-guerre de la France dans ses colonies : autant les Juifs furent des victimes regroupées dans des camps de concentration par les Nazis, autant les Africains militants du R.D.A. furent des victimes des Français qui les regroupèrent à Bobo-Dioulasso afin de les contrôler. Ce jugement de Diop est une condamnation sans appel des méthodes inhumaines et injustes que la France avait autrefois déplorées et combattues chez les Nazis, mais qu'elle s'évertue à appliquer aux Africains. Diop dénonce la politique de répression injuste de la France fraîchement « libérée » sur ses colonies. Cette injustice est doublée d'une ironie, car, ces colonies, par l'apport des Tirailleurs Sénégalais (dont la majorité était des Mossis, selon Diop) avaient contribué à la libération de la France. Cependant, selon les explications géopolitiques de son ami Louis Amouroux, au-delà de Bobo-Dioulasso des zones de tension avaient toujours existé dans la colonie de la Haute-Volta : « (...) l'axe névralgique passait par Dédougou, Boromo (révoltes de 1916, agitations de 1948) et descendait par Diébougou-Gaoua-Bathié et Bouna jusqu'à Abengourou, en Côte d'Ivoire. Avec parfois des ricochets sur Banfora, Ferkéssédougou. » (176) A en croire les propos de Diop et de Louis Amouroux, l'administration coloniale se trompait en cantonnant les politiciens africains à Bobo-Dioulasso en vue de les contenir, car le vrai axe névralgique existait hors des grandes villes et avait un long champ et un pouvoir de répercussion fort dans les campagnes.

Diop eut comme compagnons de voyage des personnages historiques de la Haute-Volta coloniale : Nazi Boni, Ouezzin coulibaly et Philippe Zinda Kaboré :

> [...] j'avais eu le plaisir d'emmener Ouezzin de Bouaké à Bobo-Dioulasso dans ma voiture. Ce garçon solide et sérieux, au sourire franc, était d'une conversation fort agréable et instructive. [...] Quelques jours plus tôt, j'avais fait le même parcours avec Nazi Boni comme passager. Il venait d'apprendre à Bouaké la mort de sa mère. Il n'avait pas de train et j'avais à « monter » sur Bobo-Dioulasso. Je l'avais déposé en ville, le costume à peine froissé, pour l'élégant strict qu'il était. (152-153)

Au sujet de la mort de Philippe Zinda Kaboré, Diop apporte une information qui suggérerait que le plus jeune député de la Haute-Volta et de l'Assemblée Nationale française serait mort suite à un empoisonnement : « J'avais laissé, trois jours avant, le député de Koudougou à Ouagadougou, où il attendait un avion pour Paris. Elu par ses compatriotes, il avait rallié le R.D.A. de Houphouët-Boigny. Fils de chef, il avait bu, à Koudougou d'où il arrivait, à une bouteille « particulière » au cours d'une réunion en son honneur la veille. » (162). L'explication que donne Diop de la mort de Philippe Zinda Kaboré est bien plus qu'une supposition puisqu'il utilise, au-delà de l'euphémisme circonstancié, l'Indicatif au lieu du Conditionnel, et ses propos ne semblent pas venir de rumeurs, mais d'une conviction personnelle. Cette explication de Diop sur la mort de Philippe Zinda Kaboré apporte un éclairage, et une piste possible sur l'histoire de la Haute-Volta coloniale. Cet éclairage venant d'une personne témoin et extérieure à la Haute-Volta, donne beaucoup de crédibilité à son témoignage et à sa thèse sur la mort du plus jeune député de la Haute-Volta et de la France.

Bien qu'il ne fût pas contemporain de Dim Delobsom, Birago mentionne un livre du premier écrivain de la

Haute-Volta. Ce livre sur le Mogho Naba et son empire jouerait le même rôle que les récits oraux que Bâ réclama au début de sa découverte de la Haute-Volta pour se faire une idée de ce groupe ethnique et de son organisation socio-politique, même si Birago Diop ne put le lire.

> Après avoir acheté en 1934, et égaré je ne sais plus où, le livre de Dim Delobsom *L'Empire du Moro-Naba*. Mes souvenirs livresques étaient en effet moins vivaces que la peur des enfants, quand on les menaçait de les faire voler par les manœuvres mossis qui construisaient le chemin de fer Thiès-Kayes-Niger. Recrutés à raison de six mille renouvelables par trimestre, et dont on dira plus tard qu'il en était mort « un par traverse du rail » (Thiès-Bamako = mille deux cents kilomètres). Le livre de Dim Delobsom avait été publié quelques mois avant la suppression de la Haute-Volta et son démembrement par un décret du 5 novembre 1932. (79)

Il faut noter la complexité de la phrase et le chevauchement de deux informations : la publication du livre de Dim Delobsom, et le témoignage de Diop sur le recrutement forcé des Mossis pour la construction du chemin de fer dans des contrées étrangères et le préjudice humain considérable que cela a causé pour les Voltaïques de l'époque. En outre, le mémorialiste note la légende (affreuse) que les populations étrangères ont constituée autour des manœuvres mossis pour les enfants étrangers qui les percevaient comme un repoussoir. Cette occasion ratée de connaissance livresque du pays mossi n'empêche pas Diop de saluer implicitement le sacrifice des Voltaïques, et surtout des Mossis, dans les travaux de main d'œuvre pendant la colonisation.

La valeur des mémoires comme version du témoin et de l'acteur de l'histoire coloniale est cruciale pour les nations africaines qui se sont fondées sur la tradition orale et ont fait la transition à l'écriture de leur histoire. La valeur des mémoires d'Amadou Hampâté Bâ et de Birago Diop, expatriés africains et fonctionnaires qui écrivent le récit de leur expérience personnelle dans un pays étranger où ils ont servi sous la colonisation française, est indéniable. Les mémoires de ces exilés/migrants peuvent donner une perspective moins polarisée et désintéressée sur des événements historiques auxquels ils ont participé, contribuant ainsi indirectement à la constitution de l'histoire des pays où ces expatriés ont servi. Les mémoires de Bâ et de Diop n'ont pas de visées nationalistes, car ces deux Africains sont étrangers à la Haute-Volta devenue Burkina Faso. Pourtant, leur témoignage à la fois sur les acteurs (dont ils font partie) et sur la Haute-Volta coloniale est significatif de l'existence d'un autre discours africain sur l'histoire coloniale qui devrait être pris en considération dans l'histoire du Burkina Faso. Ces mémoires sont dépourvus de chauvinisme et la position privilégiée de Bâ et Diop comme témoins à la fois internes et externes (inoutsiders) leur permet de donner une perspective très intéressante sur des événements en Haute-Volta coloniale. Bâ et Diop sont tous deux des spécialistes importants de la tradition orale et la valeur de leur témoignage est de partager leur vision de la colonisation avec une autre génération d'Africains, même s'ils font paradoxalement, par l'écriture de leurs mémoires, la transition de l'oralité à l'écriture. Ils donnent de ce fait des avis complémentaires et désintéressés sur l'histoire d'une terre qui leur est étrangère, la Haute-Volta coloniale, actuellement le Burkina Faso. Dans son article « Dynamiques de l'autobiographie : de l'ancrage anthropologique aux horizons interculturels » Hans-Jürgen Lüsebrink affirme que les récits de vie de Diop et de Bâ dérogent à la tradition autobiographique occidentale en se focalisant beaucoup plus sur l'extérieur et sur la communauté africaine que sur eux-mêmes :

> Fortement liées à une conception africaine de l'histoire et de la personnalité, les autobiographies de Birago Diop et d'Amadou Hampâté Bâ représentent ainsi beaucoup plus des « témoignages » que des récits subjectifs et intimes, et elles sont par conséquent plus habitées par un regard d'extériorité que par une volonté d'introspection. (111-12)

Bien que nous soyons en désaccord avec Lüsebrink lorsqu'il classifie les mémoires de Diop et de Bâ comme de simples autobiographies, nous nous accordons avec lui sur les valeurs historiques et testimoniales des mémoires produits par les expatriés africains. Lüsebrink analyse les mémoires de Bâ et de Diop en soutenant qu'ils ont plusieurs traits en commun, mais il omet de mentionner un élément principal qui les unit : ils se passent majoritairement en Haute-Volta coloniale. Il est vrai que l'affirmation de Lüsebrink sur Diop concerne seulement *La Plume raboutée* et non pas *À Rebrousse-temps* qui se passe en Haute-Volta. Lüsebrink omet également de les appeler proprement des mémoires et ne s'arrête pas sur leur portée historique, bien qu'il leur reconnaisse un rôle de témoignage. C'est ce rôle à la fois de témoin interne et externe et de source de documentation de l'histoire du Burkina que nous avons étudié ici.

CHAPITRE III

Récits de vie postcoloniaux, regards ethnographiques et jeu de miroir : Adama Dramé et « Hawa »

Jéliya : être griot et musicien aujourd'hui, Hustling is not Stealing: Stories of an African Bar Girl, et *Exchange is not Robbery: More Stories of an African Bar Girl* quoiqu'écrits en des langues différentes sont des récits de vie dont le protagoniste est du Burkina Faso. Les deux derniers titres en anglais sont deux volumes complémentaires autour de la jeune fille burkinabè « Hawa. » Ces récits de vie ont en commun d'être centrés sur des vies marginales dans la société africaine : Adama Dramé dont la vie est racontée dans *Jéliya : être griot et musicien aujourd'hui* est griot de naissance et de profession tandis que « Hawa » fait profession de prostituée. Dès le départ s'organise un projet d'écriture qui vise à donner une voix à ces êtres à part en tablant sur l' « authenticité » de leurs regards sur leurs conditions et sur leurs sociétés d'origine ; « authenticité » d'ailleurs contestable comme nous le verrons plus loin. Ce projet d'écriture part de l'oralité, car les deux protagonistes, peu ou pas instruits dans l'écriture, ont la communauté de dire des récits de vies oraux enregistrés par une tierce personne et qui seront retranscrites : c'est le récit de vie en collaboration. On ne pourrait pas strictement parler de donner la voix aux « sans voix » sans valider le statut élitiste de l'écriture sur l'oralité, car ces deux protagonistes font usage d'un art verbal qui fait de leurs récits de vie des éléments de divertissement et de connaissance. Il faudrait plutôt parler de voix « sans écriture » et en affirmant cela, l'on pose déjà la question que se pose tout conteur : quel est le public auquel je m'adresse ? Ce public est dégât inscrit dans le projet de publication, car le texte oral est rendu par l'écrit à un public de lecteurs qui exclut les non-scolarisés, et qui pourrait être l'Occident tout court dans l'aboutissement du projet d'écriture publié dans des maisons d'édition occidentales. En outre, dans les deux cas, les récits de vie bénéficient de l'apport d'un personnage intermédiaire, le transcripteur d'origine occidentale, qui va mettre le projet par écrit et à la disposition d'un public savant. Dans le choix des marginaux pour un projet de récits de vie, il semble y avoir la validation de l'idée que leurs regards apportent aux lecteurs occidentaux une meilleure connaissance sur ces vies marginales et sur leur société d'origine. Ce double regard pourrait se complexifier par une multiplicité de regards, dans la mesure où s'élabore également un regard sur le monde occidental par ces marginaux. Enfin, il serait possible de faire une lecture d'un jeu de regards entre les textes autour de « Hawa » et d'Adama Dramé ; jeu qui pourrait se doubler d'« effet de miroir » entre ces textes et finalement de jeu d'égards aux personnes burkinabè et à la fonction auctoriale.

Dans le premier volume de John Miller Chernoff *Hustling is not Stealing : Stories of an African Bar Girl* publié en 2003, l'« auteur » présente « Hawa » une jeune Burkinabè illettrée qu'il a rencontrée au Ghana en 1971 et à qui il laisse raconter sa vie et dont il enregistre le récit de vie qu'il retranscrit. Dans ce premier tome du récit de vie d'Hawa, la narratrice parle des conditions difficiles de son enfance. Ayant perdu sa mère dès l'âge de trois ans, elle est confiée à plusieurs parents avec qui elle ne s'entend pas pour troubles de comportement. De Kumasi (Ghana) où elle vivait avec son père, elle est envoyée au Burkina Faso (alors Haute-Volta) puis est renvoyée au Ghana. Hawa est née au Ghana et l'auteur du livre précise que son père était un Burkinabè immigré au Ghana. Lorsqu'elle a seize ans, son père la marie à un polygame. Excédée d'être la jeune épouse que les autres épouses exploitent, elle quitte son mari. Elle va s'installer à Accra où elle devient une fille de bar, une prostituée, une *Ashawo* ou femme légère qui va d'aventure en aventure. Plus tard, au début des années soixante-dix, elle émigre brièvement au Togo, retourne au Ghana, puis rentre au Burkina Faso au milieu des années soixante-dix continuant sa vie de prostituée. Ouvrage d'ethnographie à l'intention d'un public américain et rédigé en Anglais, le livre est pourvu d'une longue introduction (d'une centaine de pages) dans laquelle l'auteur se fait l'avocat d'une connaissance intime et profonde de l'Afrique à partir du récit de vie d'une personne singulière, ceci, à contre-courant des statistiques alarmantes sur l'Afrique et auxquelles est habitué le public américain.

Le deuxième volume *Exchange is not Robbery : More Stories of an African Bar Girl* publié deux années plus tard en 2005 est la suite des aventures de Hawa, la jeune prostituée, au moment où, dégoûtée du Togo et du Ghana, elle retourne au Burkina Faso, terre de ses parents. Elle réside à Ouagadougou où elle exerce la même profession de fille de bar. Quelques parties de son récit de vie se passent dans d'autres villes du Burkina : Banfora, Koudougou et Bobo-Dioulasso ; d'autres parties se déroulent en Côte d'Ivoire (Korhogo), sans oublier les retours en arrière qui l'amènent à évoquer des épisodes de sa vie au Ghana et au Togo. C'est dans ce deuxième volume que Hawa paraît exercer un contrôle sur sa vie alors qu'elle était la victime des circonstances et des hommes dans le précédent volume. Elle se révèle également une collectionneuse d'histoires auprès des autres et une grande raconteuse d'histoires pour distraire la compagnie.

L'auteur de la retranscription de la vie de Hawa dans ces deux volumes a pris des précautions visant à préserver l'identité réelle de la jeune femme que l'auteur déclare avoir connue et qu'il désigne par le pseudonyme « Hawa ». D'autres pistes ont été brouillées, notamment les noms de boîtes de nuit et de bars que fréquenta Hawa. C'est donc un document sociologique qu'offre Hawa, à la fois actrice et spectatrice de la vie « populaire » vue, vécue et racontée par une composante en marge de la société : jeune fille, illettrée et exerçant la profession taboue de prostituée. Cette complexité de facteurs forme en elle une forte personnalité qui se dégage et s'exprime dans le ton de ses récits souvent humoristiques, drôlatiques et racontés dans un langage cru, oral, spontané et sans détour. Cette sincérité semble donner à son discours une dose d'« authenticité » et participerait d'une connaissance plus profonde de la société et de ses multiples composantes à travers les yeux et les aventures de Hawa. Cela satisfait également l'objectif du transcripteur de présenter autrement l'Afrique aux Américains, en dehors de la froideur des statistiques et des discours théoriques, pour leur offrir l'histoire d'une vie, et d'autres vies perçues à travers cette vie unique et marginale. Dans *Exchange is not Robbery* il est nommément fait allusion à l'origine burkinabè de Hawa à travers ses propres paroles : « This man has been following me. He was a Busanga. And we Gurunsi people and Busanga people, we are like Nzema and Ashanti. You know ? » (46) Cette référence à son ethnie d'origine et à la parenté à plaisanterie, est le passage où s'affirme avec précision l'identité burkinabè de Hawa, nomade polyglotte, beaucoup plus ancrée dans son pays d'accueil, le Ghana que dans le pays de ses parents, le Burkina Faso. Ce passage est significatif, car il apparaît au moment où Hawa est sommée d'établir une carte d'identité pour se mettre en règle avec les autorités de la Haute-Volta d'alors.

Adama Dramé et Arlette Senn-Borloz publient *Jéliya : être griot et musicien aujourd'hui* en 1992. Récit de vie suivi de réflexions, ce livre est une collaboration auctoriale entre le griot burkinabè mandingue (en réalité Dafing) et la juriste suisse Arlette Senn-Borloz. Adama Dramé naît dans une famille de griots polygame en 1954 à Nouna. Sa mère se remarie tandis qu'Adama vit chez d'autres « mères » nourricières jusqu'à ce qu'il commence à jouer du Jembé (variété de tam-tam utilisé pour les animations). C'est à cette époque (1970-1973) que ses rapports avec son père s'affirment et que commence son difficile apprentissage de l'animation culturelle par le

Jembé à Ouagadougou sous la supervision de son père intransigeant et qui ne lui laisse aucune initiative de création personnelle. Désireux de se libérer de l'emprise de son père et d'être plus créatif, il se fait engager dans le Ballet National de la Haute-Volta. Là encore, Adama fait face à beaucoup de restrictions artistiques qu'il critique verbalement. Il quitte le Ballet National pour s'établir comme Jembéfola (batteur de Jembé) à Bobo-Dioulasso, et c'est là que démarre effectivement sa carrière. Le récit de vie est dominé par des réflexions critiques de Dramé qui se désole du rôle marginal du griot par les Africains une fois les indépendances acquises. La profession de griot mentionnée sur sa carte d'identité voltaïque déclenche l'hilarité et le dédain des agents de l'ordre aussi bien que de la population globale. Muni d'une instruction rudimentaire (il a fait quelques classes de l'école primaire), Adama se fait fort de défendre le rôle du griot dans la société africaine, contre la majeure partie des critiques universitaires (appelés « intellectuels » par Adama) qui, selon lui, auraient des vues théoriques et véhiculeraient une image erronée du griot. Adama se place ainsi en griot véritable qui n'a aucune honte à pratiquer son art à l'inverse de plusieurs familles de griots qui ont renoncé à cette prérogative. Adama s'installe par la suite à Bouaké en Côte d'Ivoire où il devient l'un des animateurs principaux des fêtes traditionnelles mandingues, en l'occurrence les mariages. A Bouaké, Adama devient un griot-jembéfola à succès, au regard de son train de vie : il a une maison et une voiture, ce qui n'est accessible qu'à une minorité de fonctionnaires dans l'Afrique postcoloniale. Il est sollicité pour se produire et organiser des stages d'instruction en Europe et aux Etats-

Unis où il fait de fréquentes visites et noue de nombreux contacts. Ses voyages l'emmènent jusqu'aux Antilles où il a la confirmation de sa lutte pour la perennité des valeurs traditionnelles africaines dans un monde moderne. Ce récit de vie est raconté dans un style oral et direct, résultat des enregistrements d'Arlette Senn-Borloz qui découvre ainsi une riche culture et qui s'efface derrière les récits, réflexions et anecdotes de Dramé. Parmi les réflexions de Dramé figurent sa critique du monde occidental : le savoir contenu dans les livres et qui n'est pas toujours bien informé, l'immigration des Africains en déphasage avec leur être et un sentiment du paraître. Sa critique du monde africain est plus variée et plus profonde que celle de Hawa puisqu'elle touche à la fois l'organisation traditionnelle et moderne : Dramé se fâche devant l'utilisation par les gouvernants postcoloniaux des danses traditionnelles à des fins de folklore tout en promouvant la musique hybride dite moderne à des usages de réceptions mondaines : « Quand un chef d'Etat vient, africain ou autre, un Invité (sic) de marque d'un pays, le Président de la Ligue folklorique fait venir des groupes sur les aéroports pour animer. (...) Nous, on nous met au soleil. Mais les Chanteurs modernes, eux, on leur réserve la meilleure classe. » (102) Collaboratrice de Dramé, Arlette Senn-Borloz raconte sa découverte du monde africain et du griot aussi bien que de l'histoire du Mandingue tout en suppléant des références livresques et documentaires au récit de vie de Dramé et à ses réflexions.

On pourrait voir un effet de miroir entre les deux productions des récits de vie de deux burkinabè exerçant des professions marginales : Chernoff, tout en s'effaçant pour laisser « Hawa » assumer pleinement sa parole, récolte les fruits de la paternité auctoriale. A l'inverse, dans le cas d'Adama Dramé et d'Arlette Senn-Borloz, il s'agit d'une véritable collaboration où celle qui a accès à l'instruction érudite s'efface non seulement pour laisser libre cours aux discours d'Adama, mais l'accompagne également en corrigeant ou en précisant certains aspects et en suppléant des références livresques et scolaires auxquelles n'aurait pas facilement accès le griot Adama Dramé. Dans ce cas, l'homme de la tradition orale acquiert pleinement et au même titre que celle qui met sa parole en écriture le même statut d'auteur.

Récit de vie et « authenticité » : le projet ethnographique

Dans le cas de « Hawa » et de Dramé il y a l'élaboration d'un savoir sur « l'autre » africain par un intermédiaire occidental qui met en forme ce savoir-récit de vie pour le mettre à la disposition du public occidental. C'est du reste cette fonction assignée au récit de vie et à l'autobiographie que reconnaît János Riesz dans « Genres autobiographiques en Afrique et en Europe : Déterminismes historiques de l'histoire d'une vie et rêve d'une autre vie » : « Pour le lecteur européen, les autobiographies africaines sont une voie permettant de comprendre la culture et les sociétés africaines de l'intérieur, ce qu'un simple contact scientifique avec l'Afrique n'aurait pas pu nous donner. » (30)[17] Ce projet

[17] János Riesz toujours dans le même article affirme :

> « L'autre préjugé selon lequel la plus grande partie de la littérature en langues européennes venant d'Afrique serait composée de biographies d'inspiration artistique limitée

anthropologique n'est pas nouveau, car il date de la période coloniale où, déjà, les autorités françaises exigeaient de leurs élèves « évolués » des récits de vie afin de connaître « l'âme nègre. » Ces récits de vie sous formes fragmentaires apparurent dans la presse coloniale selon l'excellent article de Hans-Jürgen Lüsebrink « Du Journal de voyage au témoignage : Autobiographies fragmentaires d'auteurs africains dans la presse ouest-africaine à l'époque coloniale (1916-50). » Ce que l'on note immédiatement, c'est l'instrumentalisation du récit de vie qui est mis dans un circuit de production visant à satisfaire une certaine curiosité occidentale. Si cela était vrai dans la période coloniale, qu'en est-il de la période dite postcoloniale, une fois les indépendances acquises ? Il est apparent que les normes se sont inversées. Dans la période dite postcoloniale, le récit de vie de l'autre africain devient d'autant plus à même de satisfaire la curiosité occidentale s'il est produit par un sujet illettré, peu ou non-scolarisé. Alors que les élèves-» évolués » (lettrés) avaient pour devoir de rendre compte de leur âme pendant la colonisation, dans la post-colonie, les regards se tournent plutôt vers le/la « non-évolué(e) » pour lui donner la parole. De ce fait, apparaît le personnage intermédiaire

---

auxquelles manquerait la distance et l'élaboration littéraires, pourrait avoir son origine dans la constellation historique spécifique de l'époque coloniale : quand le public européen ne se contenta plus des récits européens sur l'Afrique ni des biographies d'Africains rédigés par des Européens, mais exigea des présentations « authentiques » de la réalité et des hommes africains, des ethnologues, missionnaires et fonctionnaires coloniaux commencèrent à décrire ou à faire décrire des biographies d'Africains afin de satisfaire la curiosité européenne. » (10)

occidental de transcripteur-éditeur. Ce renversement de situation est sous-tendu par une recherche d' « authenticité », de regard naïf et innocent dont serait plus capable l'illettré, non « corrompu » par le savoir occidental et qui parlerait librement. Cette rupture idéologique, ironique à plus d'un titre, propulse l'ex-sujet colonial « non-évolué » au rang de « porte-parole » de sa propre société. Ce qui est remarquable dans les deux cas étudiés, c'est également l'accent mis sur la marginalité : Hawa et Adama Dramé sont dans la société postcoloniale où ils exercent des fonctions marginales. Cette position de marginalité leur permettrait d'apporter un regard neuf sur leur société. En définitive, ce qui lie ces deux cas, c'est le projet d'écriture anthropologique, « l'autobiographie en collaboration » où le sujet non écrivant sert de matière à un scripteur. Dans un important chapitre « l'autobiographie de ceux qui n'écrivent pas » de *Je est un autre*, Philippe Lejeune se consacre au récit de vie en collaboration. C'est une collaboration entre un lettré et un non-lettré ; un professionnel de l'écriture et quelqu'un qui maîtrise peu l'écriture ou pas du tout, et qui appartient le plus souvent à la classe prolétarienne : paysan ou ouvrier. Bien que décrivant les conditions du récit de vie en France, certaines des assertions de Lejeune s'appliquent avec quelques nuances au récit de vie en collaboration avec l'Afrique postcoloniale comme modèle ou matière et l'Occident comme scripteur. Se pose avec acuité la responsabilité auctoriale : Qui doit assumer le rôle d'auteur dans le cadre du récit de vie en collaboration ? Lejeune, tout en relevant la pertinence de la question, avoue qu'elle est très complexe :

> La question se complique du fait que la notion d'auteur renvoie aussi bien à l'idée d'*initiative* qu'à celle de *production*, et que la production peut elle-même être partagée (à égalité ou de manière hiérarchisée) entre plusieurs personnes. (243)

> La librairie exploite une curiosité de type *ethnographique* qui entraîne un renversement dans la mise en scène. L'aveu de collaboration étant un pis-aller dans le cas des nègres, il devient ici une pièce essentielle du système : il s'agit de garantir que le modèle n'a *rien* écrit ? –quitte à garantir aussi que ce qu'on a écrit est une image fidèle de ce qu'il a dit (mais c'est là une autre histoire). Le rédacteur qui a souvent pris l'initiative de susciter un récit qui sans cela serait resté enfoui dans le silence, se présente comme un médiateur entre deux mondes, presque comme un explorateur. Il doit afficher sa présence, et prend le statut d'auteur à part entière, avec le prestige social et les avantages financiers que cela comporte. (248). [Les italiques sont de Lejeune]

Lejeune utilise le terme « nègre » dans son acception de personne écrivant pour une autre personne qui deviendra auteur, à ne pas confondre avec le rôle de transcripteurs que jouent Chernoff et Arlette Senn-Borloz. A cet effet, il est bon de remarquer que dans le cas de *Hustling is not Stealing : Stories of an African Bar Girl,* et *Exchange is not Robbery : More Stories of an African Bar Girl* c'est Chernoff qui bénéficie du statut auctorial exclusif. « Hawa », qui lui sert de modèle, est reléguée au rang de matière ou de sujet. Elle n'a aucune emprise sur son récit de vie et il n'est aucunement clair qu'elle bénéficiera des retombées financières d'un projet dont elle est la principale actrice et source. C'est du reste ce que Claire Robertson reproche à Chernoff dans le compte-rendu qu'elle fait de *Hustling is not Stealing : Stories of an African Bar Girl* dans *African Studies Review* :

> Second, Chernoff does not give Hawa credit for authorship ; he is listed as the sole author, not the editor, which is confusing to the reader. Presumably, therefore, she does not receive royalties. We do not even know whether or not she gave permission for this account to be published or what her position is/was on the issue of her name being used. (210)

Les critiques de Claire Robertson sont bien fondées, mais l'on pourrait être d'accord que le "geste de collaboration" l'acte de vouloir donner à l'autre dépourvu de tradition scripturale l'occasion de mettre par écrit son récit de vie n'est ni un acte gratuit ni un geste humanitaire. Le « don » initial de la parole qui lui est fait est doublé d'un « abandon » du sujet par le transcripteur comme le note Lejeune :

> Si l'on passe par la parole du modèle, c'est donc moins pour la lui *donner*, que pour la lui *prendre*. Là est l'ambiguïté de toute tentative ethnologique : l'acte qui fixe et préserve la mémoire d'une société « orale » en même temps l'aliène, la récupère et la réifie. On interroge le modèle pour qu'il livre sa mémoire telle quelle, et non pour qu'il en fasse lui-même quelque chose. (267) [Les italiques sont de Lejeune]

Cette transaction qui laisse le sujet démuni de toute action sur le texte écrit et qui lui enlève sa paternité est une injustice du projet autobiographique ainsi qu'il apparaît clairement dans le cas de « Hawa » dont la richesse du récit de vie est exploitée à des fins d'ethnographie, commerciales et surtout de promotion auctoriale et professionnelle. Il est bon de rappeler que les deux volumes de la vie de Hawa furent publiés par les

Presses de l'Université de Chicago et que Chernoff est un anthropologue, un universitaire par conséquent, pour qui la publication des deux volumes participe d'une crédibilisation dans son domaine.

Si cela est vrai, l'interrogation de *Jéliya : être griot et musicien aujourd'hui* offre des constatations intéressantes qui s'éloignent du cas Hawa-Chernoff. Il est clairement établi sur la page de couverture qu'Adama Dramé et Arlette Senn-Borloz sont les auteurs de l'oeuvre. Ce qui est remarquable, c'est la discrétion et l'effacement dont fait preuve Senn-Borloz dans la restitution du récit de vie de Dramé. Contrairement à Chernoff, elle indique les interventions qu'elle eut à faire sur le texte oral et la version écrite soumise à la correction et à l'approbation de Dramé avant sa publication. Elle déclare dans l'introduction :

> Ce livre est le résultat de conversations enregistrées en Afrique et en Europe, retranscrites par moi, Arlette, relues et corrigées par Adama.
>
> Nous avons constamment confronté nos points de vue et nous poursuivons des recherches parallèles, Adama en Afrique, en interrogeant les membres de sa Famille, les Anciens et les autres Jéli, moi en Europe, dans les livres.
>
> La parole revient à Adama et je me suis occupée de l'écriture. (14)
>
> [La typographie originale a été préservée]

Contrairement au cas Hawa-Chernoff, on pourrait parler ici d'une collaboration véritable. Les raisons sont à rechercher dans l'honnêteté intellectuelle, le respect d'Arlette Senn-Borloz pour le partenariat où l'échange de savoir est à deux sens. Finalement, nous pensons que sa profession de juriste lui donne un sens élevé du respect auctorial, du pacte autobiographique, qui, il faut le rappeler à la suite de Lejeune, s'apparente à un pacte légal, juridique. Lejeune pense cependant que l'autobiographie en collaboration est un échange à sens unique qui est très rarement remis en cause. Le cas de Dramé-Senn-Borloz constitue une exception qui déroge à la règle, car Dramé, la « source » ou le modèle de l'enregistrement oral, agit également sur le processus de l'écriture de sa parole retranscrite. Si le projet initial était de donner la voix à des sans-voix, à des êtres marginaux, il va sans dire que ce désir est très manifeste et bien affiché chez Dramé qui, à l'origine, veut tout de suite en découdre avec plusieurs publics : africain, occidental, et le monde « intellectuel » africain fait de chercheurs. La vision de Dramé apparaît alors plus critique que celle de « Hawa ». Pourrait-on parler de vision ou de critique postcoloniale, alors même que Dramé problématise la déchéance du statut de griot avec l'avènement de la carte d'identité où la simple mention de sa profession de griot fait rire les autorités administratives ? La nouvelle identité nationale ou postcoloniale aurait fait fi de la tradition des griots. C'est la dénonciation d'une certaine trahison de la nouvelle élite résolument tournée vers les acquis du modernisme et un rejet de la tradition. Cela n'est pas loin de rappeler la référence à la « carte d'identité » dans *Les Soleils des indépendances* où Fama Doumbouya déclare que tout ce que les indépendances auraient apporté à l'Afrique se résumerait à la carte d'identité et à celle du parti unique. Dans son article devenu un classique, Gayatri Spivak pose la question « Can the subaltern speak ? » ; à savoir les conditions qui permettraient un discours libre du sujet subalterne (ex) colonisé. La réponse pourrait être conditionnelle, si on garantit les conditions d'un parler libre ou même accompagné sans ingérence ; ce qui serait le cas de Dramé, dans une forme de collaboration auctoriale avec Arlette Senn-Borloz. Une autre réponse serait que dans le cas de « Hawa » l'on pourrait partir du présupposé que d'abord elle n'a jamais demandé à prendre la parole et qu'elle ne l'a fait que sur invitation, se prêtant au jeu de l'ethnologue. Cet ethnologue qui a thésaurisé sur la vie de la marginale « Hawa » dont il aurait profité des prébendes et du crédit académique que lui apporte son livre. Chernoff aurait ainsi usurpé de la fonction auctoriale que lui confère la paternité du regard et du discours du protagoniste Hawa. Après avoir donné la voix au sujet subalterne, il la lui retire à son profit. La subalterne « Hawa » peut bien parler, mais elle ne sait pas à quelles fins ses paroles seront utilisées.

Regards croisés : effet de miroir inscrit dans les deux projets d'écriture

Les regards du « récitant de vie » sont à un triple niveau : sur sa propre société africaine, l'Occident, et l'Africain en Occident. On pourrait arguer que les regards de Dramé seraient plus « profonds » que ceux de « Hawa ». Par regards, nous entendons un point de vue, une opinion générale critique portant sur un sujet, un thème particulier. Les regards de Hawa s'expriment de façon spontanée, car son récit n'est pas toujours linéaire et s'apparente à une série d'anecdoctes. En plus, le parcours spatial de Hawa se fait uniquement à l'intérieur de l'Afrique, où elle parcourt plusieurs pays de l'Afrique de l'Ouest (Le Ghana, le Burkina Faso, leTogo et la Côte d'Ivoire). Le parcours spatial de Dramé paraît plus complexe, diversifié et cosmopolite : il s'étend sur plusieurs continents [Afrique (Burkina Faso, Côte d'Ivoire, Mali, Kenya et Ouganda)-Europe (France et Suisse)-Amérique (Etats-Unis) et Antilles (Guadeloupe)].

Chez Dramé, il y a l'amorce d'un dialogue puisque le projet d'écriture vient d'une frustration, celle de vouloir décrire réellement ce qu'est la vie d'un griot et du point de vue d'un griot, en vue de corriger certaines assertions faites par des « chercheurs ». Il est apparent que cette « réponse critique » de Dramé répond au désir de savoir de l'Occident sur l'Afrique. En retour, c'est plutôt un « défi » de savoir que lance Dramé au monde occidental et son corollaire d' « intellectuels » africains. Hawa livre les faits bruts de sa vie, sans conscience que ces faits seront publiés en Occident. De ce fait, son public est restreint à l'enregistreur-transcripteur Chernoff, ou tout au plus, à un cercle d'amis. Il n'y a pas l'ombre d'un dialogue ici, mais plutôt la livraison directe et brute du récit de sa vie. Il n'en demeure pas moins que Hawa et Dramé jettent tous deux un regard critique sur la société issue de l'indépendance où ils évoluent.

Le point de vue d'Hawa sur sa condition d'Ashawo indique que c'est une injustice sociale qui lui a été faite puisqu'elle y est parvenue après l'échec du mariage arrangé par son père avec un polygame. Son départ du foyer polygame constitue une critique de la pratique sociale du mariage arrangé et de la polygamie. Son regard sur le monde occidental se limite à ses rapports avec ses copains ou amants occasionnels européens. Cependant, il n'y a pas vraiment de critique, de réflexion poussée, seulement des constats. C'est le cas de « Nigel Manners » le Britanique qui s'est permis d'avoir deux amantes africaines sous le même toit : Elizabeth et Hawa (*Hustling is not Stealing*, 221-236). Il est vrai que l'on pourrait pousser la critique en disant que cet Européen s'arroge le droit de vivre sous le mode parodique ce qui avait été critiqué par les Occidentaux comme la supposée propension qu'auraient les Africains à avoir plusieurs partenaires et à vivre la polygamie. Cette fausse « bigamie » de Nigel qui se fait appeler « The Chief of Bagabaga » est vue comme une tentative de l'Européen de vivre un fantasme en voulant revivre un stéréotype généralement appliqué aux Africains. Néanmoins, cette critique n'est pas énoncée par Hawa, c'est plutôt au lecteur d'en tirer la conclusion. Dans *Hustling is not Stealing*, Hawa fait des observations sur le mariage, l'héritage familial et le droit à la propriété dans un passage intitulé « Reflections : Property and Family. » Tout au long de ces quatre pages (257-260) Hawa donne son opinion sur le mariage musulman africain « Hey, African marriage is hard, eh ? Ah, well—to us, as a Muslim, our marriage is hard. To marry a Muslim, and then you are in this Muslim marriage, it's hard. It's prison. » (257) Ses observations sur l'héritage familial se limitent au cas de sa famille où elle se désole du fait que la maison familiale reviendrait de droit au fils aîné qui n'a pourtant pas fait la preuve d'une gestion responsable des affaires familiales. Les réflexions de ce passage, hormis la critique du mariage africain musulman, sont personnelles et limitées. La sous-partie (Part Two) de *Exchange is not Robbery* intitulée « The Human Face of Neocolonialism » est faussement critique, car le titre est de Chernoff alors que la critique socio-politique, qui aurait pu être faite par Hawa, manque. Hawa se limite à rendre compte des comportements déréglés de certains Européens (Français en particulier) dans les bars et boîtes de nuit, sans exprimer de réflexion critique.

Le récit de vie d'Adama Dramé est construit autour de réflexions sur l'origine, la place et le rôle du griot dans la société africaine postcoloniale. Ses réflexions sont critiques à plusieurs niveaux. Dramé, hormis la critique de la place « décorative » et de représentation folklorique qu'assignent les autorités africaines de la « post-colonie » aux différentes manifestations culturelles, jette un regard accusateur également sur les autres griots qui désavouent et leur identité première et leur fonction traditionnelle. Dramé leur reproche de s'exiler dans un autre pays, de changer leur nom de famille afin de cacher leur identité de griot : « Par exemple, il y a des gens, ils ne sont pas Traoré, et comme Traoré est un nom très connu, arrivés ici, on ne les connaît pas, ils se font appeler de ce nom. Ces gens-là on ne sait pas qui ils sont » (173). Pour Dramé, ce refus d'assumer son identité est un délit seulement permis par la situation postcoloniale et il y voit une trahison de la culture traditionnelle qui se renie et où des Kouyaté (nom de griots) se font appeler Traoré ou Kéita (noms de nobles). La « folklorisation » de la fonction des traditionalistes dont font partie les griots-jembéfola, se double d'une non-reconnaissance de leur profession par des organismes de défense des droits d'auteur. Dramé fustige l'attitude de dédain du Bureau Ivoirien des Droits d'Auteurs (BURIDA, Côte d'Ivoire) et de la Société des Artistes, Compositeurs et Exécutants de Musique (SACEM, France) qui, malgré les droits qu'ils perçoivent lors des productions de Dramé, non seulement ne le reconnaissent pas comme artiste, et de surcroît ne lui paient pas ses droits d'auteurs. Dramé crie à l'exploitation et critique le rôle marginal et dégradé fait à la musique traditionnelle par des organismes censés protéger des artistes de tous bords (228-229). La critique de Dramé de la situation postcoloniale du griot, qui est obligé de se transformer en homme du spectacle, s'approfondit lorsqu'il critique les échanges entre l'Europe et la post-colonie. Dans une partie remarquable intitulée « la coopération et le développement » Dramé présente la soi-disant coopération comme un échange à sens unique avec une vision hégémonique de l'Europe sur l'Afrique : « Moi, je vois les choses comme suit : la vision de l'Europe sur l'Afrique, sur certaines choses, ils appellent ça une coopération. Pour moi, c'est une coopération qui a servi l'Afrique à se développer, et ensuite à tuer l'Afrique » (298). La critique de Dramé est postcoloniale en ce sens qu'elle revoit les rapports d'échanges entre l'Afrique indépendante et l'Europe comme un échange unilatéral et hégémonique. La critique postcoloniale de Dramé, qui part de simples observations, caractérise ce rapport d'injuste dans la mesure où les anciennes habitudes coloniales restent du côté de l'Europe. C'est l'exemple d'Européens qui viennent en Afrique pour photographier des Africains dans leurs costumes traditionnels dans le but de confirmer les images stéréotypées qu'ils ont sur l'Afrique. Ces Européens refusent de « voir » que l'Afrique est en mutation, et préfèrent garder une vision ethnographique et rassurante de l'Afrique « sauvage. » Lorsque des Européens, par des facilités complices de gouvernants africains, s'arrogent le droit de faire des reportages et des livres sur l'excision en Afrique, Dramé crie au scandale.

Cette injustice est d'autant plus grande, selon Dramé, qu'un Africain ne pourrait jamais recevoir les mêmes droits de regards sur la société européenne, s'il s'aventurait à faire un reportage sur le rôle marginal des personnes du troisième âge en Europe. Dramé donne l'exemple du caractère univoque et injuste de la coopération en relatant le refus qui lui a été fait de prendre des photos en Europe : « Moi, je vois pas un Africain partir dans un village en Europe prendre des photos. Je vois pas. Moi, j'ai failli me faire arracher mon appareil à Berne, parce que j'avais pris une photo dans une fête. A la Fête des Oignons. Parce que j'étais Noir. » (299) Ce qu'un Européen se permet en Afrique, un Africain ne peut pas se le permettre en Europe. C'est là toute la critique de l'iniquité de la « coopération » et de l'ambiguïté de la post-colonie. Le droit de regard de l'Europe est plus valorisé que celui de l'Afrique. Cette imposition du regard de l'Europe sur l'Afrique, Dramé la voit également au niveau du savoir où des Européens, désireux de faire connaître l'Afrique en Europe, viennent en Afrique puis, après un court séjour, retournent en Europe et font des reportages et des livres. Dramé juge ce genre de procédé et de connaissance de superficiel, car en le faisant, ces Européens « (Ils) restent à la surface des choses. » (227). Dans cette critique, Dramé n'oublie pas les chercheurs africains qu'il accuse de collusion avec la superficialité de connaissance sur l'Afrique, car ils ont été formés à l'école européenne et usent de mêmes procédés. Il juge leurs connaissances de livresques et superficielles (15). Dramé part en guerre contre Sory Camara et son livre *Gens de la Parole* (publié en 1976) qu'il accuse de faire une mauvaise représentation du rôle du griot dans la société africaine. Camara, qui n'est pas griot, s'autorise un droit de regard sur les griots alors que les griots qui auraient pu apporter leurs opinions et connaissance en la matière, sont interdits d'écriture parce qu' illettrés. C'est pour pallier cette contradiction que Dramé, quelque peu instruit, a initié cette collaboration avec Arlette Senn-Borloz pour donner une voix (écrite) aux griots : c'est là l'enjeu de son livre *Jéliya : être griot et musicien aujourd'hui*. En cela, Dramé apporte sa contribution dans le champ de connaissance sur ses origines et sa pratique : les Jéli(s) et le Jéliya. Cet effort se veut à la fois un défi et une correction des affirmations erronées sur sa culture. Mais, ce qui est plus important, c'est que la critique postcoloniale de Dramé offre un regard plus profond et plus vaste que celui de Hawa. Dramé parle de sa vie, de la condition des griots, mais fait également des réflexions à la fois personnelles et générales sur lui-même, l'Afrique et l'Europe. Sa critique postcoloniale est une attaque du faux-jeu des gouvernants africains :

> On est indépendants. On dit : « Ça y est... » et on met des cravates, on roule dans des limousines—comment on appelle ces voitures ?—il y a des buildings en verre, de mille étages, maintenant, on est plus des Africains, on est des Blancs : les Anciens, à la poubelle, terminé ? C'est du passé : les Jéli, la musique traditionnelle, les danses, à la poubelle ? (17)

Cette profondeur de sa critique postcoloniale s'enrichit aussi de propositions. Dans l'enjeu de l'être-au-monde du griot, faussé par la colonisation, les indépendances africaines, et la post-colonie, Dramé plaide pour la sauvegarde de la tradition et propose que l'on crée des journaux et des chaînes de radio et de télévision consacrés à la musique traditionnelle. La critique de Dramé est postcoloniale dans la mesure où elle « rétorque » à l'Afrique indépendante et à l'Europe hégémonique en « écrivant en retour » sur ce qui a été dit de la condition du griot, de l'Afrique et de ses rapports avec l'Europe. La critique de Dramé atteint à une profondeur à laquelle ne peut prétendre le récit de vie de Hawa.

Chernoff et la présentation du projet

Chernoff soutient que « Hawa » n'est pas une prostituée et s'évertue, à travers une longue explication, à démontrer que le rapport sexuel en Afrique, lorsqu'il est pratiqué avec échange d'argent ne doit pas être considéré comme de la prostitution. Ce genre de rapport entrerait dans la dynamique de la société africaine qui serait, selon Chernoff dans *Hustling is not Stealing*, une société d'échange :

> Nonetheless, the most common use of ashawo is to characterize women who get money for sex. But in Africa, it seems that the negative connotations of the word might have less to do with sex than with other concerns because a great many men and women in Africa think about their relationships with one another in terms of exchange. (65)
>
> In these few paragraphs, I am providing some details about the cultural context of this book in order to make it more difficult to label Hawa and her friends as prostitutes. (73)

Se faisant le défenseur d'une catégorie de femmes qui utilise le rapport sexuel comme moyen de rémunération, Chernoff essaie donc de ménager son public américain afin qu'il ne prenne pas Hawa pour une vulgaire prostituée qui raconte des histoires. Ce qui est significatif également, c'est que Chernoff se fait l'avocat défenseur d'une culture africaine qui serait très libérale dans ses moeurs culturelles. Ce point de vue est dangereux dans la mesure où les propos de Chernoff subsument l'opinion morale que les Africains ont des rapports extra-conjugaux et des rapports sexuels échangés pour de l'argent. Ce que propose Chernoff au public américain, c'est la politique du « deux poids, deux mesures ». Ce qui serait considéré comme prostitution aux Etats-Unis, ne le serait pas en Afrique. Cette définition relativiste et « contextuelle » vise en fait à se donner une bonne conscience, car l'auteur ne veut pas que l'ouvrage qu'il présente au public américain soit entaché du label de prostitution ; ce qui reléguerait ce livre dont il est l'auteur à l'ordre de la banalité. Il en ressort que Chernoff défend en fait ses propres intérêts et non pas ceux de Hawa ni d'une quelconque Afrique. Il est clair qu'au Ghana, au Burkina Faso et en Afrique en général, et du point de vue africain, une jeune fille qui ne serait pas liée à un homme en particulier, mais qui va avec n'importe quel homme en ayant des rapports sexuels rémunérés avec celui-ci, est considérée comme une prostituée. Chernoff fait le tour de force d'expliquer à un public non africain que la plus vieille profession du monde, la prostitution, est une notion relative et non appliquée en Afrique. Cela est une fausseté intellectuelle et morale, et une distorsion de la réalité africaine. Il faudrait plutôt écouter Hawa elle-même dans le récit qu'elle fait de la vie d'Ashawo dans *Hustling is not Stealing* et la représentation qu'elle s'en fait pour avoir une vraie définition et se faire une opinion claire de cette condition :

> It's a very foolish business that we do sometimes, you know. *Ha-Ha*? (201)
>
> So I think that we girls who are doing the ashawo business, though, we take our life like that. […] There is not any girl who will wake up as a young girl and say,"As for me, when I grow up I want to be ashawo, to go with everybody, to do this and and this." Not any girl will think of this. (203)
>
> Then when I grew up, they didn't give me to the correct man. Maybe if they gave me to a correct man, I don't think I could do this work. […] You know, I think that when you start this ashawo business, you used to think that it's better than marriage. (207)
>
> I told you that no girl will choose to grow up and be an ashawo. A girl will not even look at it. (210)
>
> In my country, in Upper Volta, especially in Ouagadougou, there are many, many, many, many, many, many Ghanaian girls making ashawo. (211).

D'après ses propres paroles, il n'y a aucun doute chez Hawa que la profession qu'elle exerce lui a été dictée par les circonstances, que cette profession est moralement mal perçue, qu'elle y entrevoyait une alternative à un mauvais mariage, et elle exprime du regret à avoir embrassé une pareille profession. La référence à la Haute-Volta (Burkina Faso) où de nombreuses Ghanéennes exerceraient la même profession qu'elle, Hawa, d'origine Voltaïque, exerce au Ghana, révèle d'une part sa conscience de l'internationalisation de cette profession, sa banalité, mais aussi une tentative de justification qui tend à démontrer que cette profession n'est pas l'apanage d'une origine précise. Il n'en demeure pas moins que les Ghanéennes exerçant la profession d'échange de rapports sexuels pour de l'argent ont toujours été perçues par les Voltaïques-Burkinabè comme des prostituées, contrairement au relativisme a-moralisateur de Chernoff.

CONCLUSION

Le fait pour des Occidentaux de donner la voix à des « indigènes » et peuples (ex)-colonisés pour faire le récit de leur vie n'est pas nouveau comme en témoignent les travaux de Diedrich Westermann *Autobiographies d'Africains : onze autobiographies d'indigènes originaires de diverses régions de l'Afrique et représentant des métiers et des degrés de culture différent*s (1943) et les fragments de récits de vie demandés par l'administration coloniale française en vue de mieux connaître « l'âme noire » (Lüsebrink). Ce projet qu'on pourrait appeler « ethnographique » ou regard que l'on jette sur l'autre, se limitait à la période coloniale. Les données ont certes changé, car l'Afrique est indépendante et est jugée être dans une ère postcoloniale. Cependant, le désir de connaître l'autre, indigène, demeure une soif de l'anthropologie occidentale. Toutefois, durant la période dite postcoloniale, cette soif de connaissance se double d'une recherche de l' « authenticité » d'un sous-groupe au sein du groupe des « indigènes » ou ex-colonisés : les marginaux, dans une société issue de la colonisation et qui négocie encore les rôles entre la tradition et la modernité. C'est dire que ces voix marginales sont vues comme celles à même de décrire la réalité africaine de l'intérieur. A cela s'ajoute le présupposé que le manque d'instruction formelle par l'école européenne permet à ces individus marginaux d'être spontanés et plus profondément ancrés dans leur culture d'origine que ne le serait un Africain scolarisé. Une autre dimension d'« authenticité » s'ajoute donc à la narration, et elle augmenterait paradoxalement et inversement selon le niveau d'instruction du narrateur. Les récits de vie des marginaux Hawa et Dramé offrent un contraste saisissant quant à la capacité des protagonistes de critiquer la société postcoloniale dans laquelle ils vivent. La critique de Dramé s'avère plus riche et plus profonde au regard de ses réflexions et de l'enjeu de son ouvrage écrit en collaboration pour, non seulement affirmer son identité, mais aussi pour révéler par voie de correction ce que signifie être griot en Afrique postcoloniale. Ce projet d'auto-justification n'existe pas chez Hawa. Le contraste s'accentue au niveau des types de collaboration : Chernoff exploite à son profit la parole d'Hawa alors qu'Arlette Senn-Borloz accompagne la parole de Dramé. Cette différence de procédés fait de la collaboration Dramé/Senn-Borloz une collaboration réussie. Dans les deux types de collaboration, il y a un jeu de regards auquel il faudrait ajouter un jeu d'égards. On pourrait affirmer que le plus grand égard que l'on pourrait faire au subalterne et au marginal, c'est d'accompagner son regard, et non pas de le détourner à ses propres fins comme chez Chernoff. C'est à ce prix que se paie le respect de l'« authenticité » d'un témoignage. Déjà, sous la colonisation, deux attitudes s'affichaient par rapport au choix de l'élément représentatif « authentique » africain. L'administration et l'école coloniales, en assignant aux élèves dits « évolués » le rôle d'ethnographes de leurs propres cultures, avaient fait le choix du progrès par la scolarisation tandis que l'ethnologie française elle-même à la suite de Marcel Griaule pensait que les nègres authentiques étaient ceux-là qui n'avaient pas été à l'école occidentale et qui se prêteraient au jeu de l'ethnologie ; le regard de l'Occident sur leurs cultures, les transformant en objets de regard. Michel Leiris, écrivain surréaliste, autobiographe et ethnologue, après la publication de *L'Afrique Fantôme*, s'était élevé contre l'ethnographie française et avait soutenu la première voie. Pour Leiris, les Africains scolarisés à l'école française seraient les plus « authentiques » des Africains[18] au regard de leur niveau de conscientisation par rapport à leur rôle intermédiaire entre les deux cultures pendant la colonisation.[19] Dans la période postcoloniale, il est encore bon de donner raison à Leiris car le niveau de conscientisation de l'Africain scolarisé (ou peu) amène une profondeur dans le regard qu'il jette sur sa propre culture et celle des autres ainsi qu'il apparaît chez Dramé.

---

[18] Malgré sa prise de position peu progressiste, il est bon de rappeler que Griaule est l'auteur de *Dieu d'eau* dans lequel l'ethnologue s'efface totalement derrière la parole d'Ogotemmêli et se présente modestement comme « préfacier ».

[19] Nous devons cette observation à l'excellent article de Ruth Larson « Ethnography, Thievery, and Cultural Identity : A Rereading of Michel Leiris's *L'Afrique Fantôme* » qui fait une relecture de la mission ethnographique conduite par Marcel Griaule et Michel Leiris et qui s'avéra selon les révélations de Leiris dans son journal de voyage *L'Afrique Fantôme*, un vol organisé d'objets d'art de de culte africains. Désillusionné par ces pratiques de l'ethnologie française, Leiris continue sa critique du mode de perception du sujet jugé authentique en prenant le contre-pied du courant dominant, selon Ruth Larson : « According to Leiris the *évolués* were the most « authentic »Africans precisely because they were fully conscious of their position within a capitalist and colonial regime. » (238)

CHAPITRE IV

Récit de vie et sujet postcolonial migrant à succès : Malidoma Somé aux Etats-Unis

En 1994, Malidoma Patrice Somé publie son autobiographie *Of Water and the Spirit: Ritual, Magic and Initiation in the Life of an African Shaman* aux Etats-Unis. Cet ouvrage est essentiellement consacré à son enfance et à sa réinsertion par l'initiation dans la tradition Dagara après qu'il ait été kidnappé par des Jésuites pour suivre une éducation chrétienne.[20] Ce chapitre examine le parcours spectaculaire de Malidoma Somé à travers son livre *Of Water and the Spirit.* Nous montrons que le récit de vie est utilisé comme outil d'intégration et d'immigration réussies en Occident par un sujet postcolonial africain. Ce qui est remarquable dans le parcours de Somé et la réception de son autobiographie, c'est que ce sujet postcolonial francophone ait écrit son ouvrage en Anglais et se soit fait valoir aux Etats-Unis plutôt qu'en France ou dans un pays francophone. Ce parcours atypique et paradoxal d'un sujet francophone

---

[20] Selon l'auteur, le nom "Malidoma" siginifierait en Dagara « Be friend with the stranger » (Lie-toi d'amitié avec l'étranger).

postcolonial en Occident anglophone répond à la question générale « Comment avoir du succès en tant que francophone aux Etats-Unis ? » A travers son exemple, Somé répond qu'un Francophone peut avoir du succès en minimisant la part francophone tout en mettant plutôt l'accent sur la part traditionnelle africaine. Le Francophone acquiert cette réussite en reniant la partie « intellectuelle » (raison, diplômes) pour mettre l'accent sur le côté indigène (surnaturel, magie). Malidoma Somé répond à cette question en utilisant les savoirs locaux comme instruments de dialogue et d'intégration en Occident « chrétien ». L'UNESCO définit ainsi les savoirs locaux :

> « Les savoirs locaux et autochtones" désignent les ensembles cumulatifs et complexes de savoir, savoir-faire, pratiques et représentations qui sont perpétués et développés par des personnes ayant une longue histoire d'interaction avec leur environnement naturel. Ces systèmes cognitifs font partie d'un ensemble qui inclut la langue, l'attachement au lieu, la spiritualité et la vision du monde. Nombreux termes différents sont utilisés pour désigner ce savoir, dont par exemple :
>
> - savoir écologique traditionnel (TEK)
> - savoir autochtone (IK)
> - savoir local
> - savoir de personnes rurales/d'agriculteurs
> - ethnobiologie/ethnobotanie/ethnozoologie
> - ethnoscience science folklorique
> - science autochtone

Ces nombreux termes coexistent parce que l'éventail des contextes sociaux, politiques et scientifiques a rendu impossible qu'un seul terme soit approprié en toutes circonstances. Le projet LINKS encourage une approche du savoir local et autochtone qui englobe tous ses aspects. Pour (sic) nombreuses cultures, le "rationnel" ou "l'objectif" ne peut pas être séparé du "sacré" ou de "l'intuitif". La Nature et la Culture ne sont ni opposées entre elles ni strictement délimitées. Le savoir, la pratique et les représentations s'entremêlent et sont dépendants entre eux. »[21]

Malidoma Somé utilise la spiritualité et les rites d'initiation africains comme savoirs locaux. Ces savoirs locaux et indigènes proposent une vision endogène qui s'oppose au savoir occidental dominant dans le monde. Il y a chez l'auteur une tentative d'imposer ou de proposer une vision marginale à un monde globalisé, et cela dans le giron même du monde occidental, principalement aux Etats-Unis.

Le récit de vie et ses particularités

Of Water and the Spirit raconte l'histoire de l'auteur, né dans une famille Dagara, à Dano, dans le Sud-Ouest du Burkina Faso (alors Haute-Volta). Jusqu'à l'âge de quatre ans, il est introduit aux mystères de la vie familiale et spirituelle grâce à son grand-père Bakye. Il rencontre un esprit des bois, un Kontomblé, un jour où il part à la poursuite d'un lièvre. Son grand-père meurt, et la description de sa mort et de ses funérailles fait intervenir des forces surnaturelles et même des crocodiles, totems de

---

[21] http://portal.unesco.org/science/fr/ev.php-URL_ID=2034&URL_DO=DO_TOPIC&URL_SECTION=201.html

la famille. Quelque temps après le décès de Bakye, Malidoma est enlevé par un prêtre jésuite, le Père Maillot, un jour où il était seul à la maison et où ses parents étaient partis aux champs. Interné de force à la mission catholique de Dano, il y suivra des cours de catéchisme et un programme scolaire. À la fin du cycle primaire, Malidoma est envoyé au séminaire de Nasso. L'auteur y décrit l'éducation spirituelle et classique que les séminaristes y reçoivent ainsi que certaines pratiques insolites : la sodomie que subissent les jeunes séminaristes de leurs aînés, aussi bien que la pédophilie dont l'auteur est victime de la part d'un prêtre, le Père Lamartin, son professeur de Latin. Dans un lieu fermé qu'ils apparentent à un univers carcéral, petit à petit, Malidoma et quelques condisciples commencent à avoir des idées critiques et subversives vis-à-vis de l'institution religieuse et de leur propre vocation. Un jour, alors qu'il était soumis à la traditionnelle dictée du Père Joseph (Joe), le seul prêtre africain du séminaire, Malidoma a une altercation verbale et physique avec ce dernier. Malidoma défenestre le Père Joe au grand scandale de tous. Craignant les conséquences de son acte, Malidoma s'enfuit du séminaire et fait un périple à pied, de Nasso à Bobo-Dioulasso et de Bobo-Dioulasso à Dano. Après quinze années d'absence, il est maintenant considéré comme un étranger dans son village d'origine. Il réapprend sa langue, le Dagara, et se met à communiquer difficilement avec son père et sa mère qu'il accuse de l'avoir abandonné aux mains des prêtres. Pour sa réintégration totale dans la communauté Dagara, les Anciens décident qu'il devra passer par l'initiation, malgré ses vingt ans révolus. S'ensuit une description très détaillée des rites et épreuves de l'initiation au cours desquels mourront quatre de leurs compagnons.

L'initiation comporte ces épreuves : fixer un arbre au point d'y voir une femme verte et de communiquer avec elle ; en position statique et éveillée, voyager dans une autre réalité et un autre monde comme dans un rêve ; sauter à travers une fenêtre de lumière et plonger dans un monde mystérieux d'où l'initié doit émerger sous peine de mourir ; plonger dans une mare sans fond et découvrir un monde souterrain et surnaturel d'où l'impétrant est poussé vers la surface par un dauphin ; faire l'expérience d'être enterré vivant ; et faire à travers une cave dans la montagne un voyage dans un univers souterrain et surnaturel, peuplé d'esprits, de formes humaines et animales. C'est dans cette dernière épreuve réussie que Malidoma apprend qu'il est la réincarnation de son ancêtre Sabare (le frère aîné de son grand-père, mort dans une guerre contre la pénétration coloniale) dont son grand-père Bakye lui avait parlé dans son enfance. Après son initiation, les Anciens du village décident que Malidoma doit retourner dans le monde moderne de l'homme blanc pour y poursuivre ses études et pour partager sa connaissance avec l'Occident. Comme le lui explique son oncle maternel Guisso : "The elders see in you a person capable of taming the white man because you know something that he does not know—the medicine of an initiated man—and because you know what he knows as well. The white man needs to know who we really are, and he needs to be told by someone who speaks his language and ours. Go tell him." (307). Quoique le récit de ses études à l'Université de Ouagadougou et en France ne soit pas développé, dans l'introduction à son autobiographie, l'auteur avait fait la surprenante révélation que, grâce à son initiation, il lui était très facile de réussir aux examens du savoir des Blancs lorsqu'il étudiait à l'Université de

Ouagadougou. Selon lui, il était capable de lire les réponses aux questions à travers les auras de ses examinateurs, qu'il prenait le soin de fixer discrètement : "As an initiated man, I did not have to work hard to get my degrees. I skipped a great deal of the classes, made sure that I was present at the exams, and walked away with my diplomas. The answers to the exam questions were mostly visible in the auras of the teachers who constantly patrolled the aisles of the testing rooms. I just had to write these answers down quickly before any one of them noticed how strangely I was looking at him/her." (5-6)

Cependant, le texte de Somé comporte une série de contradictions et des zones d'ombre que nous voulons relever. Selon Malidoma Somé, il suivra des cours à l'Université de Ouagadougou d'où il sortira avec trois diplômes de Licence, et une bourse pour des études supérieures en France. "After four years of hard work, I was rewarded with three bachelor degrees, a free airline ticket, and a scholarship at the Sorbonne." (311) Pourtant, dans l'introduction Somé écrivait : "I spent four years in that center for higher education, which later became the national university. I walked away from it with a bachelor's degree in sociology, literature and linguistics, and a master's thesis in world literature. (5) Ce qui est contradictoire est que dans la première citation l'auteur déclare qu'il a passé quatre années laborieuses à l'Université de Ouagadougou, alors qu'il affirmait auparavant que, grâce à son initiation, il lui était aisé de réussir dans ses classes. Il avait même affirmé dans une autre citation plus haut (5-6) qu'il faisait l'école buissonnière, ne venant aux cours que lors des examens qu'il réussissait grâce à sa capacité de lire dans les auras de ses examinateurs. Deuxièmement, le nombre de diplômes n'est pas le même dans les deux citations. Trois « bachelors » dans la citation finale, et un bachelor suivi d'un mémoire de master's (maîtrise sûrement) dans la première citation.

Parmi les zones d'ombre, l'auteur affirme que durant ses dernières années au séminaire l'on parlait de la fin de la colonisation. En début du chapitre « New Awakenings » il déclare : « Consequently, my last three years were devoted to the cultivation of dissidence, ego, and intellectual pursuits. » (121) Plus loin, dans le même chapitre, l'auteur reproduit une conversation entre ses condisciples et lui sur une nouvelle qui changera leurs vies : la fin de la colonisation.

> « François had overheard something that he said was going to have tremendous importance in our lives. We had met so he could tell us about it.
>
> "I heard Father Pascal talking with Father Michael about loosening the rules here because of the end of the colonial era. You know what that means."
>
> "Sorry, but no."
>
> "It means we are free."
>
> "Free from what?"
>
> "From this religious colonialism. Isn't that great?"» (126)

La date de naissance de Malidoma est 1956. La Haute-Volta (aujourd'hui Burkina Faso) a obtenu son indépendance en 1960, ce qui fait que l'auteur devait avoir quatre ans à cette date (qui correspond à son enlèvement). Etant donné que l'auteur aborde cette rumeur supposée de décolonisation vers la fin de sa dernière année au séminaire, l'on peut en déduire qu'il devait avoir dix-neuf ou vingt ans. L'on devrait donc être en 1974 ou en 1975 ; ce qui est aberrant, puisque la Haute-Volta était déjà indépendante. Ces zones d'ombre et contradictions permettent également au lecteur d'émettre des doutes quant à l'enlèvement et à la séquestration de l'auteur par les missionnaires jésuites. Avec le recoupement que nous avons proposé, s'il avait quatre ans en 1960, date de l'indépendance de la Haute-Volta, les missionnaires ne pouvaient pas le séquestrer sans aucun recours pour ses parents. La fin de la période coloniale correspondant à la fin des abus, ses parents auraient pu aisément réclamer leur fils auprès des nouvelles autorités africaines pour que les missionnaires le leur restituent. Le livre ne fait aucun cas de cette démarche pourtant naturelle.

Une autre zone de contradiction est l'événement durant lequel Malidoma a eu une altercation avec son professeur et s'est enfui du séminaire : la dictée. Pour tout lecteur francophone, cette mention paraît invraisemblable, car la pratique de la dictée, commencée au primaire, s'arrête au premier cycle du secondaire. Dans son livre, l'auteur mentionne la dictée durant la dernière année du second cycle du secondaire (la Terminale). Après avoir été giflé par le Père Joe, il exprime sa rage d'être ainsi offensé devant ses pairs alors qu'il avait vingt ans. « I had been struck—insulted in front of the whole class, I, a twenty-year-old grown-up, member of the Garibaldi group. No one in the higher division was ever hit. That punishment ceased after we reached the higher division. » (137) L'on peut également émettre des réserves quant à la capacité d'un enfant de trois ou quatre ans de se rappeler ce que son grand-père lui aurait dit à cet âge : « Grandfather died when I was still completing the fourth rainy season of my life. I had been so used to being around him while the grown-up men were laboring at the farm that it took me a while to admit the stark truth that I was never going to find him again. » (37)

Cependant, deux constantes reviennent dans le livre de Malidoma Somé : son anti-colonialisme et son anti-christianisme. Selon lui, tout son malheur ainsi que celui de son peuple et de tous les Africains, viendrait de ces deux entités. L'auteur va même jusqu'à ranger les Africains scolarisés à l'école occidentale au même rang que les Blancs. Pour lui, la religion chrétienne serait un lavage de cerveau comme il a pu l'observer au séminaire :

> « This titanic religious establishment was the dream-come-true of the missionary crusade that had followed imperialism into the continent of Africa. The kids came from everywhere in French West Africa: Mali, Niger, Togo, the Ivory Coast and Benin. Some were brought there fresh from baptism after a few years of parochial brainwashing. » (99)

> « Father Joe was also a French teacher. He was nicknamed Joe the Spartan. He was the only Black priest in a white world of educators. As an African priest he was dead to Africa, a fine specimen of European brainwashing and indoctrination. » (116)

> « Much knowledge has been lost with my grandfather's death, but the tradition continued even in its incompleteness. Colonialism and Christianity were responsible for the discontinuity of much tribal knowledge. » (171)

L'autobiographie de Somé comporte plusieurs adresses au lecteur occidental, principalement américain :

> « I am going to stop here to make a point. Different cultures have different relationship with their dead, and I know very well in a culture of skyscrapers and technology, dead people don't walk. (…) Why do dead walk where I come from? They walk because they are still as important to the living as they were before. » (47)
>
> [Son grand-père, mort à l'hôpital, aurait marché jusqu'à la demeure familiale.]
>
> « Unlike people in the West, the Dagara believe it is terrible to suppress one's grief. Only by passionate expression can loss be tamed and assimilated into a form one can live with. The Dagara also believe the dead have a right to collect their share of tears. A spirit who is not passionately grieved feels anger and disappointment, as if their right to be completely dead has been stolen from them. So it would be improper for a villager to display the kind of restraint and solemnity seen at Western funerals. » (57)
>
> [Sur la manière très expressive des Dagara d'exprimer leur chagrin suite au décès d'un être cher]
>
> « For those of you who have begun to construct a romantic picture of indigenous life, let this be a warning. For the indigenous world is not a place where everything flows in harmony, but one in which people must be constantly on the alert to detect and correct imbalances and illnesses in both communal and individual life. » (62)
>
> [Au sujet de l'usage du projectile invisible (lobir) lancé à des personnes par des individus mal intentionnés, souvent durant des cérémonies, comme les funérailles de son grand-père]
>
> « The Dagara view fire much differently from the Westerners, both literally and figuratively. The two ideas are

almost exact opposites. In the West, fire is thought of as something wild, dangerous, and unmanageable. (…) To a Dagara, the craziness that fire inspires in the West comes from the fact that fire is upset that Western people have forgotten their purpose in life. » (200)

[L'auteur établit une différence culturelle entre les Dagara et les Occidentaux dans leur perception du feu.]

« In the Dagara culture the drum is a transportation device that carries the listener into other worlds. » (229)

[À propos d'une partie de l'initiation où, à partir du battement de tam-tams, les initiés étaient dans un état de rêve et ont voyagé dans un autre univers.]

« Writing about what comes next is an extremely difficult task. What I have been able to convey so far of my experience in the underworld seems very limited, sometimes insignificant compared to what really happened. (…) I know I am not doing justice to the experience, but how else can I tell you about it if I don't use words? (…) I also know that the reader may have great difficulty fitting some of the things I am writing about into his or her own reality. I am doing the best I can. Bear with me. » (271)

[Au sujet de son voyage dans le monde souterrain (the underworld)]

« The careful reader may be asking him-or herself right now why I say I have been in the bush for a month when I have only described six or seven days and nights. I have had to trick the reader in this way in order to provide a sense of continuity to my narrative. This trick was necessary because without areas of silence, I would not have been able to tell you about my initiation experience at all. What I have shared with you here is very potent and special information. Before I sat down to write this book, I first had to get permission from my council of elders. The episodes I have been able to present in this book are the ones Guisso thought I could speak about. There are others that I am not at liberty to ever write about. They constitute the bulk of the initiatory experience and its most secret parts. » (287)

[Sur la différence culturelle de perception du temps, mais aussi la révélation que sa mission en Occident lui aurait été imposée par les Anciens du village. L'auteur affirme que les Anciens lui auraient donné la permission de révéler certains secrets et d'en taire d'autres aux Occidentaux.]

Ces multiples adresses au lecteur anglophone occidental témoignent du caractère étranger et difficile de son entreprise : expliquer à des Occidentaux des réalités africaines éloignées de la culture et de la connaissance occidentales et comprenant un volet ésotérique. Ces notes explicatives au lectorat étranger servent donc à la fois deux objectifs : ménager les réticences de ce public occidental et faire œuvre de pédagogie en l'éduquant dans les réalités d'une autre culture. L'autobiographie de Somé n'échappe donc pas à l'orientation ethnographique qui imprègne tout projet d'écriture écrit pour, et orienté vers un public étranger.

Ce chapitre analysera la rhétorique de l'autobiographie de Somé. Que veut-elle dire ? À qui s'adresse-t-elle ? Quels moyens de persuasion se donne-t-elle ? En termes rhétoriques, le parcours universitaire de Somé, bardé de diplômes, se présente comme la formation d'un « ethos » préalable à l'acceptation de sa crédibilité. Cette recherche de crédibilité paraît exagérée et superflue, car, de l'avis même de ses interlocuteurs occidentaux, l'obtention de deux doctorats est jugée excessive selon les standards occidentaux. Il y aurait comme un excès de zèle chez

Somé pour convaincre son auditoire occidental. En même temps, cet excès est pour Somé une preuve de l'efficacité du savoir mystique qu'il veut leur présenter puisqu'il affirme dans son livre et dans ses entretiens qu'il pouvait lire les réponses aux examens qu'il devait passer dans les auras des examinateurs. Il le dira aux pages 5 et 6, et le répétera à un journal américain *Tampa Tribune* [(Florida). February 25, 1995]. Le savoir mystique africain est donc vu comme une porte de succès au monde du savoir occidental. Il y a aussi une force politique à cette posture, car Somé postulerait ainsi la supériorité du savoir mystique africain sur le savoir occidental. Somé fait usage d'une stratégie : il utilise deux types de savoirs opposés (mysticisme africain et rationalisme occidental) pour se faire valoir en Occident. Dans sa stratégie, Somé s'attaque aux dysfonctionnements de la société occidentale : le manque de spiritualité, la fracture communautaire, la délinquance juvénile, etc. Il propose comme modèle et remède la vision africaine spirituelle et communautaire. Nous appellerons cette stratégie « la logique du substitut » car Somé propose le savoir traditionnel africain comme substitut au savoir occidental. C'est aussi une proposition à l'envers de la « mission civilisatrice » que l'Occident s'était assignée dans sa conquête de l'Afrique au début du projet colonial de la fin du dix-neuvième siècle. Somé propose plutôt une « mission salvatrice » à l'Occident, et son argumentaire est basé sur la mission que lui auraient donnée les aînés de sa tribu afin qu'il aille partager son savoir avec l'Occident. Somé propose l'initiation comme moyen de guérir certains groupes sociaux : les prisonniers, les gangsters et, un peu plus à la mode occidentale, allant contre les préjugés occidentaux sur l'Afrique, il déclare que la tradition africaine inclut les minorités généralement stigmatisées par l'Occident : les handicapés et les homosexuels. L'autobiographie de Somé se présente aussi comme l'envers de et la réponse à *l'Enfant noir,* l'autobiographie de Camara Laye. À la lancinante question de Laye « Avons-nous encore des secrets ? » (100)[22] après que ce dernier ait révélé quelques secrets de son initiation, Somé semble répondre : « Oui, nous en avons encore et nous devons les partager avec l'Occident pour lui montrer à quel point il s'est trompé sur nous, et afin de le guérir. » Somé, en faisant la révélation des rites africains sans complexe et dans un esprit de partage, répond placidement à Camara Laye.

Dans ce chapitre, nous analyserons les différentes réactions journalistiques et critiques après la parution de l'autobiographie de Somé. Nous étudierons également comment la presse a relayé les diverses activités de Somé autour de l'initiation comme prolongement de son livre. En général, la réception anglophone (largement américaine) de *Of Water and the Spirit* a été bienveillante, plus particulièrement sur la côte Ouest des Etats-Unis (Californie) et le Sud-Ouest (Nouveau-Mexique) où existe une plus grande ouverture à d'autres formes de savoirs spirituels (New Age). Comme nous le verrons, la réception américaine de l'autobiographie de Somé a été largement positive à tel point que son livre a été primé par le

---

[22] « Certes, l'enseignement qui succède aux rugissements demeurerait ce qu'il est, mais rien ne subsisterait de l'épreuve de la peur, rien de cette occasion donnée à chacun de surmonter sa peur et de se surmonter, rien non plus de la nécessaire préparation au douloureux rite de passage qu'est la circoncision. Mais au vrai, qu'en subsiste-t-il à l'heure où j'écris ? Le secret…Avons-nous encore des secrets ? » (100)
Camara, Laye. *L'Enfant noir*. Paris : Presses Pocket, 1976.

prestigieux prix *New York Times* Bestseller et dans la mesure où l'auteur a été l'invité de deux organes de presse majeurs : CNN et *Essence.* La réception révèle également la découverte par les Américains d'un nom de famille étranger et d'un nom de pays étrange. Cela est manifeste dans les nombreuses fautes sur l'orthographe de ces deux entités sous la plume des journalistes. L'impact de l'autobiographie de Somé a été si grand qu'il y a eu dès sa parution l'intention d'en faire une adaptation filmique. L'acteur LeVar Burton (qui a joué le rôle du jeune Kounta Kinté dans la série *Roots/Racines*) se propose de diriger ce film et nous verrons les diverses pérégrinations de ce film qui tarde à sortir jusqu'à aujourd'hui. Le parcours de Somé est une « Success story » amorcée par son autobiographie et qui a connu une longue durée, car l'auteur est encore populaire et sollicité aux Etats-Unis.

La réception journalistique du récit de vie de Somé

L'ordre de présentation de la réception de *Of Water and the Spirit* sera chronologique (de 1994 au milieu des années 2010) et sera basé sur la sympathie (l'acceptation) ou l'antipathie (le rejet ou la critique) de l'ouvrage. Dès sa parution en 1994, l'autobiographie de Somé a connu un succès de longue durée, comme en témoignent la curiosité qu'elle a suscitée et les nombreux articles de journaux portant non seulement sur le livre, mais aussi sur l'auteur et sa vie familiale.

> « Burkina Faso was still a French colony when Some was born in 1956. (…)Afterwards the village elders divined that Some should return to offer whites the wisdom and healing they need. To read this book is to be immersed in a

fascinating world of spirits, symbolism, and magic, yet the author leaves some unresolved contradictions. His claim, for example, that the Jesuits "kidnapped" him is not borne out by his text, and he does not seem to have really lived the harsh village life that he eulogizes. Nor does Some address the crucial question of whether and how traditional ways can flourish in anything but the tribal context. »[23]

L'auteur de ce compte rendu remet en cause l'assertion de Somé selon laquelle il aurait été « kidnappé » par des prêtres jésuites en affirmant que cela n'est pas vérifié dans le texte. Il est critique du fait que, malgré la valorisation de Somé du mode de vie traditionnel, ce dernier lui-même n'aurait pas eu à endurer les dures réalités de cette vie (ayant été soustrait de la vie du village par des Jésuites dès l'enfance pour retourner dans sa communauté seulement à l'âge adulte). Le journaliste remet en question le développement du mode de vie traditionnel hors du cadre strictement traditionnel. En clair, c'est la question du transfert et de l'adaptation : peut-on garder ou reproduire ce mode de vie traditionnel dans un monde moderne ?

Dans les deux articles ci-dessous il est révélé que Joy Parker a été « le nègre » (ghost writer) de Malidoma Somé. Somé n'a donc pas écrit son autobiographie tout seul, mais s'est fait aider de Joy Parker qui a modulé son récit pour le rendre plus compréhensible à un lectorat américain. Il est à noter que dans le premier article Somé est présenté comme ayant été « capturé » par les Jésuites. Dans le second article, il est question que Joy Parker elle-même est convaincue du rôle salvateur des coutumes

---

[23] "Some, Malidoma Patrice OF WATER AND THE SPIRIT: Ritual, Magic, and Initiation in the Life of an African Shaman" *Kirkus Reviews*. April 1, 1994.

traditionnelles. L'article annonce que Joy Parker a écrit un second livre avec Malidoma Somé sur les Anciens et la communauté. L'information qu'apportent ces deux articles est importante, car ils ont été écrits juste après la publication de l'autobiographie de Somé et font la publicité du livre paru dans la semaine où ces articles ont été écrits.

> « APRIL 5, 1994 THEN: Joy Parker of San Clemente had just finished co-writing "Maya Cosmos," a book about Mayan spirituality.
>
> NOW: Parker served as ghost writer for "Of Water and the Spirit"(TarcherPutnam books, $ 22.95), which appeared on county bookstands this week. The book is an autobiography of Malidoma Some',an African shaman and diviner from the West African dagara tribe.Some' was abducted by a Jesuit priest at age 4 and held captive ina seminary, where African children were being trained to be priests. The book chronicles his return to the tribe. The prolificParker now is working on a book that compares the poor treatment of elders in the United States with the respect and reverence eldersare given in indigenous communities around the world. » [24]

Après la parution de son autobiographie, il est annoncé un autre partenariat entre Somé et Joy Parker. Parker l'a aidé à écrire un autre livre sur le pouvoir de la communauté et des Anciens pour une société harmonieuse. Dans cet autre article Parker se fait le porte-parole de Somé en déclarant que le rôle des Anciens et l'initiation des enfants par ces derniers assurent la

[24] ACCENT UPDATE; THE FOLLOW-UP FILE. *Orange County Register (California).* June 12, 1994 Sunday MORNING EDITION. Pg. E02.

pérennité de la culture. Parker fait un parallèle avec la culture américaine où les enfants ne respectent pas les aînés et où ils s'initient eux-mêmes dans des gangs. Ce parallèle contient un non-dit : la culture africaine et l'initiation des jeunes par les Anciens sont des modèles que l'on pourrait transférer à la société américaine. Parker croit que les cultures indigènes (celle de Somé et des Mayas de l'Amérique latine) peuvent aider à la survie d'une société. Ainsi, Joy Parker soutient le point de vue contraire du critique de la *Kirkus Reviews* cité plus haut, car elle croit fermement au transfert des connaissances du monde indigène au monde occidental.

> « Parker, a quiet and bookish former writing teacher from Columbia University in New York, has become convinced that indigenous civilizations hold many important clues to survival. After writing two books about the Maya, she's just finished a book with an African holy man. She plans to write her next book about re-envisioning the American family by learning about indigenous values. She'sparticularly interested in how the culture treats old people. Her next book, which she ghost-wrote for an African holy man, Malidoma Some of West Africa, explores the role of elders in the community. "His people believe that if you don't honor the elders, it's the end of the civilization," Parker said." And if the elders don't have a strong relationship with the children and help them channel their energy into the culture, the culture dies. This is exactly what's happening in our culture. Gang members initiate themselves, rather than being guided by the elders. And old people are not respected at all."» [25]

---

[25] "CULTURE: Author explored tombs to decode the civilization's secrets." *Orange County Register* (California). April 5, 1994 Tuesday MORNING EDITION. Laura Saari. Pg. E01.

En avril 1994, le *Seattle Post-Intelligencer* présente Somé comme ayant pour mission le partage de son savoir mystique africain avec l'Occident, et en retour il doit rapporter le savoir occidental à l'Afrique. L'article décrit le partenariat entre Somé et Michael Meade pour organiser des retraites d'initiation en Californie en vue de réformer des membres de gangs de la ville de Los Angeles. L'article met aussi l'accent sur les diplômes engrangés par Somé en affirmant qu'il possède deux doctorats de la Sorbonne et de Brandeis University (U.S.A.) et qu'il a enseigné à l'Université du Michigan.

> « These two men of such disparate backgrounds share much in outlook. They are teachers and seekers, searching for ways out of the old male patterns of violence, distance and denial. Their most recent efforts together included a six-day retreat in the Malibu Mountains of California attended by a multi-ethnic group of 100 men, including several members of L.A. street gangs." "Meade and Some set the example themselves of bringing different people together." "He also received doctorates from both the Sorbonne and Brandeis University and taught literature at the University of Michigan. His current mission, from his tribe, is to bring African knowledge and experience to the West, while also bringing Western knowledge and experience back to the tribe. He is a frequent speaker at men's events around the United States. » [26]

Cet article très élogieux de l'autobiographie de Somé dans le *Business Wire* présente Malidoma Somé comme doublement initié dans le monde traditionnel et dans le

---

[26] *Seattle Post-Intelligencer*. "Men of Letters Seeking meaning of 'male' ."April 21, 1994, Thursday, FINAL. John Marshall P-I Reporter. Pg. C10.

monde moderne. Dans l'article, il semblerait que c'est l'initiation traditionnelle qui est mise en valeur et qui est proposée comme remède au monde occidental. La description des rituels africains retient aussi l'attention de l'auteur qui soutient que cela n'avait jamais été fait auparavant dans la littérature occidentale. L'auteur de l'article met l'accent sur l'excellence (et l'excès) de formation (initiation) occidentale de Somé lorsqu'il déclare que Somé possède plusieurs Doctorats et trois Masters.

> « The only way for Malidoma to be truly accepted back into the village was to undergo the grueling, life-threatening Dagara initiation into manhood. This unforgettable trial is the centerpiece of his autobiography: OF WATER AND THE SPIRIT (Jeremy P. Tarcher/Putnam Books; $22.95 cloth; Pub. date May 10, 1994). In this unique book, readers will be taken into a world full of elaborate African traditions never before described in Western literature. »

> « After his initiation, the village elders sent Malidoma back to the Western world as both a student and a teacher. Now, he holds three master's degrees, as well as Ph.D.s from the Sorbonne and Brandeis University. Residing in Oakland, Calif., he travels the country speaking about African customs and daily life, spiritual beliefs, the worlds of ancestors, and -- most importantly -- the life-giving process of initiation. » [27]

Un point majeur de la réception du récit de vie de Somé est l'interview qu'il donna à la première chaîne de télévision américaine, CNN. Une interview à la plus

[27] "The extraordinary autobiography of an African Dagara shaman and his initiation into two worlds, the Western and the African." *Business Wire*. May 2, 1994, Monday. (Los Angeles).

prestigieuse des chaînes américaines et du monde atteste d'un grand intérêt pour son récit de vie. Il ne reste malheureusement de cette interview qu'une transcription. Cette interview se passe immédiatement après la publication du livre de Somé, en mai 1994. Somé y affirme que la meilleure manière pour lui de révéler la vie traditionnelle de son ethnie était de l'écrire sous forme du récit de sa vie dans cette communauté.

> « JOE OLIVER, Anchor: Our guest in this morning's religion segment brings the spiritual customs of Africa to his life in the United States. Malidoma Patrice Some was born in Burkeena Hassa. At age four, he was kidnapped and sent to live with Catholic priests who tried to make him forget his tribal origins. But at age 20 he ran away and returned to life in the village. Today he lives in the U.S. and practices African customs and healing. He has written a book about his life called Of Water and the Spirit and he joins us in our studio this morning. »

> « Good morning. Thank you for joining us. First of all, MALIDOMA PATRICE SOME, African Shaman: First of all, the best way indeed to communicate my own experience and in doing so, focusing on the values of the village, the traditional life was indeed, through the telling of my own story. And so, writing about traditional religion by way of presenting myself experiencing it, was for me the best way to get the message across. » [28]

---

[28] CNN. "African Shaman Discusses His Religion and Culture." May 12, 1994. Joe Oliver. Live Report. Transcript # 605-6. CNN a pris le soin de prévenir les lecteurs sur d'éventuelles fautes dans cette transcription de l'interview télévisée de Malidoma Somé: "The preceding text has been professionally transcribed. However, although the text has been checked against an audio track, in order to meet rigid

Ce qu'il faut retenir de la réaction d'Alexandra Dundas Todd (*The Washington Post* du 3 juillet 1994) c'est son parti pris pour un type de connaissance et de discours nouveau pour l'Occident. Elle se fait le défenseur d'un mode de connaissance qui défie la logique et les attentes occidentales et milite pour la préservation d'un tel type de savoir. Cette lecture apparaît donc comme une mise en garde en même temps qu'une imploration à la bienveillance des lecteurs américains pour ce type de livre. Dundas conclut en disant que les deux récits (celui de Malidoma Somé et celui de Rosita Arvigo) poussent les frontières conventionnelles de la perception occidentale : "Both authors write narratives from different cultures that stretch the boundaries of our assumed perceptions." Il faut également noter sa critique du colonialisme où Dundas Todd parle d'abus du colonisateur et du mauvais traitement de Malidoma. [Cela est à mettre en relation avec une autre citation où il est question d'abus sexuel et de pédophilie et c'est aussi l'opinion du journaliste Tom Sharpe : *Santa Fe New Mexican* (New Mexico) du dimanche 1er avril, 2001. "Some's autobiography, *Of Water and the Spirit*, includes the story of his sexual abuse by Jesuit priests in the boarding school. In his years in the West, he has come to know that this is widespread."] L'on peut se demander si la lecture du journaliste du *Santa Fe New Mexican* n'est pas biaisée, et si elle n'est pas en fait une actualisation anachronique à la lumière des scandales de pédophilie par des prêtres catholiques qui ont fait la une des journaux au début des années 2000 aux Etats-Unis.

---

distribution and transmission deadlines, it may not have been proofread against tape."

Toujours selon Alexandra Dundas Todd :

« While we are trying to figure out how to deliver the health care we have, we're becoming more curious about different, non-Western ways of coping with illness and promoting health »

« Both Rosita Arvigo in *Sastun* and Malidoma Patrice Some' in *Of Water and the Spirit* take us on journeys (the former to Central America, the latter to West Africa) describing multiple realities that hint at the what. An important theme in both books is that the West is not only ignorant of contributions from indigenous peoples but also seems dedicated to destroying these endowments. Arvigo and Some' make clear that as the West slashes and burns its way through rainforests and tribal lands -- once by colonialism and now through the implacable force of modernization -- we destroy not only others, but ultimately ourselves." "Some''s mistreatment by the Jesuits and Africa's long abuse by colonizers leave him abhorring most modernity. However, his name, Malidoma, means "be friends with the stranger/enemy"; he is destined to live in two worlds. He struggles to do so, but neither realm is easy for him. He calls on memories of his grandfather to help him cross the lines." "Some' reaches deep inside himself to find his soul and center: the heritage he believes was obliterated by modern Christian culture."»

Après avoir posé une question rhétorique (pour prévenir les réticences d'un public occidental), Dundas Todd formule une réponse en symbiose avec la pensée de Somé.

« In this breathtaking portrayal of two worlds blending and clashing, one still wonders, how much of this happened? Did crocodiles form a bridge across the river for Some' to walk over? Can a forest become a light show? Is this a metaphorical, mythic tour or a literal autobiographical account? Some' flouts conventional North American certainties, but he tells his tale so deftly that the romance of the mystical overcomes our reservations. He carries this off, in part, by tapping into the West's deepest uncertainties and dissatisfactions with the pallid comforts of a rationalistic universe. »[29]

Dans le journal canadien anglophone, *The Toronto Star*, le livre de Somé est cité comme élément fascinant parmi un recueil d'histoires. Somé affirme que son expérience à travers les rites de passage peut être transférée au monde occidental et pourrait aider les adolescents nord-américains. L'article remarque que Somé est excessivement éduqué même selon les standards occidentaux. L'auteur de l'article reproduit une déclaration de Somé qui adopte un curieux point de vue thérapeutique lorsqu'il présente l'adolescence comme une maladie, et propose l'initiation qu'il a subie dans son autobiographie comme un moyen de guérir cette adolescence.

> « Among the many useful components of Utne's collective effort is a fascinating piece by Malidoma Some, a fabulously educated - by the standards of the West, at any rate - writer and scholar who says his own tribal initiation rite in the African country of Burkina Faso was one of the key experiences of his life and a similar rite for North American teens might be just the ticket to cure the disease of adolescence. »[30]

---

[29] *The Washington Post.* July 3, 1994, Sunday, Final Edition. "Unconventional Wisdom." Alexandra Dundas Todd. Page X 7.

[30] "Utne Reader examines society's fear of teenagers." *The Toronto Star.* July 10, 1994, Sunday, SUNDAY SECOND EDITION. Bruce Blackadar. Pg. B6.

Cette lettre ouverte à l'éditeur d'un journal irlandais, *The Irish Times,* écrite par Jim Hever du "Department of Family Studies" (Département des études familiales), prend la défense de Malidoma Somé qui a été attaqué dans la presse. Jim Hever soutient que Sean Byrne, l'auteur de l'attaque, remet en cause l'intégrité morale de Somé qu'il accuse de soutenir l'infibulation. C'est un argument *ad personam*, dont est victime Somé et que son allié voudrait réfuter.

> « Sir, - Sean Byrne (*Irish Times*, October 1st) questions the integrity of the recent men's gathering because one of the speakers at the event was Malidoma Some of the Dagara people in Burkino Faso, West Africa. Contrary to the allegations made, Malidoma does not support the infibulation of women or come from a people where such abhorrent things are universally practiced. To ascribe, as Mr Byrne does, particular sterotyped beliefs and lifestyles to all those who come from a particular place and people and to imply that we have nothing to learn from them, is racist."
> "Had your correspondent taken the trouble to attend the gathering, he would have learned first hand that the event was focused fundamentally on a critical exploration of men's experience. It is our experience that men coming together in this way enables us to treat not only women and children, but ourselves and other men in more caring, understanding ways. » [31]

Jim Hever, au-delà de sa défense de Somé, soutient aussi les rencontres entre hommes autour des questions sociales et de la masculinité « men's gatherings ». Il faut

[31] "MEN'S GATHERING." *The Irish Times*. October 17, 1994, CITY EDITION. HUGH ARTHURS, HARRY FERGUSON, EDMOND GRACE SJ, DERMOT ROONEY. Pg. 13.

noter la mauvaise orthographe du pays de Somé “Burkino Faso” par l’auteur de l’article.

Cet autre article d’un journal californien, *San Jose Mercury News,* explore les raisons pour lesquelles les Noirs américains cherchent de l’aide dans des religions non chrétiennes. L’article commet un impair : il donne comme pays d’origine de Somé « Ivory Coast » (La Côte d’Ivoire) au lieu du Burkina Faso. Il est important de noter que l’auteur déclare que l’autobiographie de Somé est beaucoup lu en Amérique. L’inclusion par l’auteur de l’article du nom de Susan Taylor, alors éditeur du magazine noir américain *Essence* n’est pas fortuite, car Taylor a écrit un livre sur la spiritualité des Noirs américains (*In the Spirit*) et son magazine est très ouvert aux multiples formes de la spiritualité noire à travers le monde. La mention de Susan Taylor sert de prémisse à l’explication de la grande écoute dont bénéficient des officiants étrangers de traditions spirituelles africaines comme Somé aux Etats-Unis.

> «“We’re trying to go back to recapture the essence of who we are,” says Susan L. Taylor, editor of Essence magazine, whose best-selling “In the Spirit,” a collection of her popular magazine columns on God and the power of the divine, has sold about 300,000 copies. “We’re returning to the message we all grew up on: that there is a great power. It’s so familiar to us as African-Americans. Whether we were raised as Christians or Muslims, one of the things that unifies us as a people is knowing that our parents, our grandparents, all our ancestors, were very spiritual people. Without that great belief in the unseen - which is a very African belief - there’s no way we would have survived. No way.” “Now when priests and priestesses travel west from the continent to teach at American universities, they find audiences eager to hear

their messages. These audiences flock to readings by the likes of American-born (and Oakland-based) Oshun priestess Luisah Teish and **Malidoma Patrice Some**, a transplant from the Ivory Coast to Oakland, whose recent "Of Water and the Spirit: Ritual, Magic, and Initiation in the Life of an African Shaman" is widely read."» [32]

Dans cet article du 5 février 1995 du *Tampa Tribune*, selon la journaliste Jennifer Fuller, Somé postule que son savoir sera utile d'abord aux Noirs américains qui partagent déjà avec les Africains le rythme et la musicalité, et qui ont été séparés de leurs pratiques ancestrales du fait de l'esclavage. Il inclut également les Blancs en déclarant que les Américains caucasiens (Blancs) ont eux aussi été séparés de leurs pratiques ancestrales du fait de leur migration aux Etats-Unis. L'article revient sur la révélation du pouvoir magique de Somé de lire les réponses aux questions de ses examens dans les auras qui entourent ses examinateurs, tel qu'il l'a raconté dans l'introduction à son autobiographie (aux pages 5 et 6). Même si l'auteur ne le dit pas de façon explicite, cette connaissance magique serait la clé du succès scolaire de Somé dans le monde occidental et justifierait le grand nombre de ses diplômes. Il faut aussi noter la mauvaise localisation de Brandeis University (la journaliste la situe à New York au lieu des environs de Boston, dans le Massachusetts): "Educated at the Sorbonne in Paris and Brandeis University in New York,

[32] "SEEKING NOURISHMENT FOR THE SOUL, BLACK AMERICANS FIND COMMON GROUND AND COMFORT IN A RANGE OF RELIGIONS." *San Jose Mercury News* (California). February 11, 1995 Saturday MORNING FINAL EDITION. RICHARD SCHEININ. Pg. 1F.

Some still carries a shaman's medicine bag with him. In "Water and the Spirit," he wrote that while in college, he could "read" the answers to examinations in instructors' auras." La mauvaise orthographe du pays de Somé est encore présente : "Burkino Faso."

> « Author and lecturer Malidoma Some says he has been sent by his elders and ancestors to carry this message: return to ancient ritual practices." "Some, an initiated Dagara shaman, lives in Oakland, Calif., but travels the country teaching modern people how to enrich their lives by awakening the connection with the ancestral world." "Some 's book, "Of Water and the Spirit: Ritual, Magic and Initiation in the Life of an African Shaman" details how he arrived at his mission. It spans his journey from his childhood in his village in Burkino Faso, West Africa, to Catholic seminary and back to his village where he was initiated into manhood." "According to Some, African religion has been misrepresented as theatrical and spooky." "According to Some, modern civilization is in disarray because people have strayed from their spirituality. Blacks in the United States were separated from their ancestors by whites who were separated from their ancestors. "If we're not careful," Some said, "We (blacks) become carriers of the shadow of European sickness." "Some said he can see African spirituality alive in blacks in the United States, as in their response to rhythm and sound."» [33]

Le 31 mars 1995, Somé a donné une conférence dans l'Ohio sur les jeunes en difficulté dans les quartiers défavorisés. C'est un programme de réforme sociale et de réintégration. Il est remarquable que ce programme inclue

[33] "Author returns to African roots." *Tampa Tribune* (Florida). February 25, 1995, Saturday, FINAL EDITION. Jennifer Fuller; Tribune Staff Writer. Pg. 4.

un séjour des jeunes en Afrique, au Ghana. Le fait que Somé ait été invité par une église témoignerait de la bonne réception de certains chrétiens à son message. La conférence de Somé fait partie d'un projet concernant des jeunes dans les quartiers défavorisés des villes américaines. Il y est question de rites de passage.

> « Malidoma Patrice Some from the African country of Burkina Faso will explain the importance of ritual and rites-of-passage ceremonies at 7 tonight in the Calvary Church of God in Christ, 2765 Woodhill Rd., Cleveland. »

> « Some then committed his life to bridging the gap between Western and African cultures." "Some continued his studies at the University of Ouagadougou in Burkina Faso. He also studied at the Sorbonne in Paris and at Brandeis University in Boston. He has taught cultural studies at the University of Michigan. Some will talk about the impact that separation from the history and values of one's community has on an individual and the importance of returning to that community. He is the author of two books, "Of Water and Spirit" and "Ritual-Power, Healing and Community." Some's appearance is sponsored by the East End Neighborhood House, next-door neighbor of the church. Paul Hill, director of East End Neighborhood House, said Some's visit is a program of the Rites-of-Passage Institute at the settlement house. The institute is trying to develop a core of adults who will work with young people in the inner city. Hill said one project will be a tour of the African country of Ghana later this year for adult participants. » [34]

---

[34] "AFRICAN TO EXPLAIN NEED FOR CEREMONIES OF RITES OF PASSAGE." *Plain Dealer* (Cleveland, Ohio). March 31, 1995 Friday, FINAL. RICHARD M. PEERY. Pg. 29.

Cet article de *The Boston Herald* relate le parcours contrasté de Somé, d'un village du Tiers-monde au monde ultra-moderne américain. Il est important de noter que l'auteur caractérise Somé comme "a rising star in the New Age movement" (une étoile montante du mouvement New Age). Il faut noter également que l'auteur caractérise Somé comme "Ambassador of the spirit" (Ambassadeur de l'esprit) dans le titre de son article et qu'il orthographie mal le nom du pays « Birkina Faso ».

> «"He grew up in a sleepy village in a far corner of an afterthought of France's West African colonial empire. The only constants in Dano, Upper Volta, were heat, dust and spirits. Now Malidoma Some moves through a clean, frenetic world of fax machines, voice mail and jet travel, a stranger in a strange, spiritually barren land. In his country, a trip to the capital, Ouagadougou, is a rare event. In America, the shaman's itinerary this week lists Detroit, Dayton and Boston, where he will conduct a weekend workshop at Interface, the Cambridge holistic center." ""On the road, what I see is a culture that has a tremendous hunger and thirst for ancient values," said Some. And so Some, a man with Ph.D.s from Brandeis University and the Sorbonne, holds up the timeless ways of his people, the Dagara, a tribe of subsistence farmers, as a paradigm for fostering spirituality, reconnecting communities and healing generational rifts." "He later taught for several years at the University of Michigan, until the elders of Dano frowned on the job. " "It was made clear to me that I shouldn't think of it as the career of my life; it was only a stepping stone," he said. "Before I went any deeper I had to get out of there. The village people are quick to notice when I was doing something that was not part of the general direction my life was supposed to be in." "Now he crisscrosses a disconnected

country, a rising star in the New Age movement, presenting workshops such as "Dressing the Wounds of Human Relationships." And every winter, he and his Dagara wife, Sobonfu, return to Birkina Faso, a country where two-thirds of the population practice indigenous beliefs, for debriefing and for "decontamination." In Dano, he is still The Other and must go through elaborate cleansing rituals. » [35]

Le 19 octobre 1995, Somé est annoncé comme prenant part à une conférence (certainement à Atlanta) qui ambitionne de réduire le conflit de générations. L'article rapporte que Somé et Michael Meade vont recourir à l'ancienne tradition de mentor pour expliquer comment l'appliquer au monde moderne. En appoint, l'article cite l'autre livre de Somé : *Ritual: Power, Healing, and Community*. Somé insiste sur l'importance du rôle des Anciens dans la survie de la communauté en prenant l'exemple Dagara. L'article contient plusieurs fautes d'orthographe : « Som », « Somis », « Bouss » et « Berkina Fassou ». Il informe le lecteur que Boussé dans la province du Kourweogo (Burkina Faso) et Decatur (dans la région d'Atlanta) sont des villes jumelles.

« Malidoma Patrice Som writes in a passage of his book "Ritual: Power, Healing, and Community" of a spiritual connection between the youngest and oldest members of the Dagara tribe in Burkina Faso, West Africa: "There is an unspoken closeness between one who has freshly entered from the Otherworld and one who is close to returning to the Otherworld," he writes. Elders in the Dagara tribe of which Somis a part play a crucial societal role as mentors to the

[35] "Ambassador of the spirit; African shaman on mission to heal West's soul." *The Boston Herald.* April 6, 1995 Thursday SECOND EDITION. Pg. 041. Christopher Cox.

young and sources of wisdom for the spiritual well-being of the tribe. Without elders to guide them, the members of the tribe could not continue their way of life." "Decatur's sister city, Bouss, is located in Berkina Fassou. Som and Michael Meade, a storyteller, drummer, and student of cultural rituals who has spoken at similar conferences across the country, will "take the basic idea of mentoring and break it down going all the way from origins of mentoring to how it functions in contemporary life," Meade said." "McCreary and others, young and old, have a chance to discuss "Mentors, Youth, and Elders" this weekend with Som, who is a trained tribal medicine man and diviner who holds doctorates from the Sorbonne and Brandeis University." "Ancient songs, stories and rituals are often fascinating to young people searching for their place in society, and are a good tool to bridge generations, Meade said. At a recent men's conference outside of Chicago, Meade met with troubled youths and men who were on a prison- release program. Discussions of ancient stories and rituals drew the group together."» [36]

Cet article d'un journal anglais, *The Guardian*, se révèle très critique de la conférence qui réunit les femmes et les hommes pour un monde différent. L'auteur exprime son doute quant à l'application de mythes africains pour résoudre des problèmes modernes. L'auteur révèle l'estime dont bénéficie Somé à cette conférence où il joue un rôle majeur. Il remarque (avec irritation) le grand nombre des diplômes de Somé, jugé excessif même selon le standard occidental. Il est à noter que cet article critique est d'origine anglaise, contrairement à la bonne réception

[36] "Conference aims to build bridge between generations;Sessions will shed light on the importance of experience." *The Atlanta Journal and Constitution*. October 19, 1995, Thursday. Pg. 7A. Jonathan Harris.

américaine de Somé. Ros Coward, le journaliste, prend ses distances avec cette conférence qui, selon lui, prendrait le contrepied du racisme (« inverse racisme ») et serait une activité prédatrice du Tiers-Monde au service de l'Occident. L'auteur conclut que cette conférence réaffirme le rôle de la masculinité qui est vérifié par d'anciens mythes, et il exprime sa réserve quant à la place des femmes dans un tel discours masculin.

> « The conference is called Men and Women, Working Together for a Change: nice title, but perhaps a little premature. There are promises of "healing the gender crisis" through drumming, and story-telling, including interpretations of an African myth called "The men went one way and the women went the other". The men have fielded a strong team, including the charismatic storyteller Michael Meade, African medicine men, academics and psychotherapists." "Like Frankenstein's creation, men's workshops have come back to haunt their creators. When men asked what could they do to help women, they were told to beat it and sort themselves out. Few imagined then they would apply bandages to all parts of their bodies that have ever been hurt. They call this exploring "the male wound". "Most dubious seems to be the appropriation of third world, especially African, myths as a source of alternative wholesome meaning. One of the conference organisers told me, wholly unselfconsciously, that the African perspective "gives us huge truths for everyday living, truths with psychological roots which are there for the taking." This is inverse racism, a neo-colonial plundering of the third world as an antidote to industrial society, the repository of ancient wisdom." "In fact, the medicine man foregrounded by this particular conference comes from Burkino Faso, a former French colony with a particular reverence for French academicism: Malidoma Soma boasts

three MAs and two PhDs - excessive by any standard. Yet he is now big in men's workshops because he had to submit to traditional initiation rites in order to be re-integrated into his original tribe. Initiation rites are the central obsession in the men's workshop borrowings from the third world." "ROBERT Bly has a lot to answer for: he interpreted the Iron John story as an ancient myth of male initiation. These male rites of withdrawal and journeys allowed men to separate from their cloying mothers. Now Bly is claiming that the lack of male initiation rites has spawned gang society - gangs being boys' failed attempts to initiate themselves." "All those involved in the coming conference would probably distance themselves from Bly's authoritarianism. But they remain preoccupied with rites of passage, initiation rites, leaders and mentors. Such things still feel like extremely male preoccupations about social position and status. And when they turn out to be supported by universal myths and archetypes about masculine and feminine identity, I wonder how much scope there is for women really to question those identities. This may be men and women working together, but I doubt whether it will be for a change."» [37]

Cet article d'un autre journal anglais, *The Independent*, met l'accent sur l'excès des neuf diplômes accumulés par Somé, même pour un Occidental : quatre licences, trois Masters et deux Phds. Il annonce que Malidoma Somé et sa femme Sobonfu prendront part à une conférence sur le genre et feront partie d'un panel avec des féministes. L'auteur de l'article déclare que Somé et son épouse ont pour ambition de guérir le monde occidental, et de transformer les Occidentaux en les faisant passer du stade

---

[37] "A Man's gotta work on his inner self." *The Guardian* (London). June 10, 1996. Ros Coward. Pg. 11.

de garçons au statut d'hommes complets à travers l'initiation. L'auteur exprime quelques réserves quant à l'application d'une culture ancienne et étrangère à une autre plus moderne. L'article apporte des informations sur la manière dont Malidoma Somé s'est marié par un arrangement conclu en son absence par les Anciens de son village.

> « Malidoma was thousands of miles away completing his PhD at Brandyce University, Boston. Then aged 32, he had lived in the West for a decade and, having dated his fair share of American women, considered himself quite westernised. But when a letter arrived beckoning him home to meet his wife, there was never any question of defying the tribal elders. Marriage, he knew, was based on "energies being aligned, not flimsy notions like love". Nor was he bitter that he had missed his own wedding. What was important was that the elders had found him a woman whose soul and purpose in life was compatible with his. So he got a job, made money and without further ado, returned to Africa to meet the stranger whose melodic name meant "keeper of the knowledge" and who was his wife." "Eight years later Malidoma and Sobonfu Some have come to London, still married, sanctioned "by tribal elders to impart a sacred message to the West before it is too late". This weekend they will be sharing a platform with feminists such as Bea Campbell and leaders of the Robert Bly-inspired mythopoetic men's movement, among others, at a ground-breaking gender conference entitled "Women and Men Working Together for a Change". The conference aims to bring together, for the first time, diverse approaches to healing the conflict between the sexes." "Malidoma and Sobonfu will draw on the collective experience of the ancient Dagara tribe and advocate that we lay down clearly defined roles for men and women to help us through these

gender-confusing times. They will argue that the problem with relationships is that Western males have remained boys, and that traumatic initiation rites are necessary if they are to make the transition to manhood. But are these views any different to the rigid, sexual stereotyping that provoked the sex war? And can the traditions of an agrarian people like the Dagara have any relevance to our sophisticated society? "The Somes slip easily and unselfconsciously between western and Dagara mores. It is quite a gap to straddle. Malidoma is possibly one of the most educated men in the world having accumulated nine academic degrees, from the Sorbonne in Paris and numerous American universities, including four BAs, three MAs and two PhDs, an excessive tally by any standard. They are based in Oakland, California from whence they travel the world running "traditional initiation workshops" and he has written two books."» [38]

Un passage de l'autobiographie de Somé est mentionné comme le passage favori de l'auteur de la revue *Quill & Quire* en date de septembre 1997. Il s'agit du chapitre dix-sept « In the Arms of the Green Lady » du récit de vie de Somé.

« Traveller's Tales Guides, The Road Within: True Stories of Transformation Around the World is a collection of essays (many are excerpts from books) that are really mini travel memoirs, a genre dating back to the Middle Ages.(…) The writing style is of a high calibre throughout and doesn't succumb to the cliches of New Age psychobabble or hippie wisdom. One of my favourites was "In The Arms of the Green Lady'' by Malidoma Some, an account of his

---

[38] "Out of Africa: a message ...; The West is all mixed up. What it most needs is a new rite of initiation to bring boys to manhood. David Cohen hears the word from a couple on a mission." *The Independent* (London). June 14, 1996, Friday. David Cohen . Page 4

initiation into another world. Some is a medicine man and diviner in the Dagara culture who holds three MAs and two PhDs from the Sorbonne and Brandeis. »[39]

Cet article du magazine noir américain, *Essence*, est très élogieux du couple Somé et de sa mission spirituelle en Occident. Il met l'accent sur les diplômes de Malidoma Somé (deux doctorats et trois Masters). Le couple Somé insiste sur le manque de vie communautaire comme cause des crises multiples chez les Noirs américains (Il n'est cependant pas clair qui de Malidoma ou de Sobonfu fait cette déclaration). Sobonfu ajoute plus bas que le moyen de guérir de ces crises et de cette absence de vie communautaire est d'apprendre à recréer un rituel, de respecter les aînés et de recréer un sens de la communauté.

«"A husband and wife from the Motherland explain how including ancient African traditions in daily routines could change the quality of our lives" ""EVERYONE HAS A MISSION IN LIFE," explains Malidoma Patrice Some, a Shaman -- or high priest -- from the West African country of Burkina Faso and author of Of Water and the Spirit, a wonderfully strange and very personal account of the rituals, beliefs and worldview embraced by his people, the Dagara tribe. "Our mission is connected with a revival of the ancestors' culture and tradition. There's a missing link to our African ancestry that has repercussions on the quality of our lives. We cannot move forward into the future by abandoning the past. Knowing tradition is everything." "Some (pronounced So-MAY) is seated in the living room of his home, perched high in the hills of Oakland, California.

[39] "Inward bound: travel abroad takes on a spiritual dimension Brief reviews." *Quill & Quire*. September, 1997. Hughes, Susan. Pg. v.63(9) S'97 pg 19-20 ISSN: 0033-6491.

The room vibrates with symbols from the homeland -- pieces of African cloth, a framed map of Burkina Faso. The fireplace has been transformed into a shrine, adorned with various rocks and minerals and photographs of loved ones." "Malidoma's name means "be friends with the stranger or enemy." Sobonfu means "keeper of the ritual." Through their writings, lectures, workshops and intensive courses for healing practitioners, the couple share the customs of a traditional society in which elders are revered for their wisdom; the ancestors are called upon for assistance, guidance and protection; and community is always there for support, watching your back. »

L'épouse de Somé (Sobonfu) révèle que l'accumulation des diplômes par son mari était un jeu ("game") nécessaire que Somé devait jouer pour se faire accepter par l'Occident, et que Somé a très bien joué ce jeu. L'interview révèle que Sobonfu collecte des fonds pour un projet d'eau potable dans son village.

« Malidoma Some is very much a medicine man for the new millennium, a teacher and healer with one foot in the old world and one foot in the new. Sent by his village elders to the West to carry out his mission, Some, 42, has earned three master's degrees and two Ph.D.'s since the early 1980's. "He is playing the game and doing it well," says 30-year-old Sobonfu, who comes from the same village and joined him in this country in 1991. "You have to have a title just to quiet the critical mind of the Westerner," she says. Still, the couple stay connected to their homeland. They're raising funds for a water project in their village, and at least once a year they return home -- not merely to visit but to be cleansed." "They don't preach or proselytize; they simply describe age-old yet soul-satisfying Dagara practices and rituals that can be adapted for modern us."»

"When you examine the continuing crises and profound challenges that Black women and men face in this culture, it becomes evident that there is a very important missing link: to family, village and community. This missing link lies at the root of society's dysfunction. When you lack proper community and family connections, you put your elderly in institutions and your young ones are in constant crisis."

"Sobonfu: In order to heal we have to learn to re-create ritual, to respect our elders and to bring back some sense of community."

"Sobonfu: A ritual is a ceremony in which you call on Spirit to be your guide and driver. Ritual is based on Spirit -- ancestral and natural forces. But it also must have a specific focus."

"Malidoma: The most frequent ritual in my life involves offering ashes to the ancestors, which I do whenever I'm about to begin anything important. For thousands of years our ancestors have viewed ash as a protective device, a shelf against adversity. So with ash from a burnt piece of wood and a rock -- the rock represents something old -- I go to place, anyplace, and as soon as I call the name of a dead ancestor, the spirit of that person inhabits the stone." [40]

Plus haut dans l'interview on déclarait que Malidoma et son épouse ne faisaient pas du prosélytisme, mais dans la même interview la citation de Malidoma ci-dessus contredit cette assertion, car Malidoma invite chaque personne aux Etats-Unis à construire un autel dans sa maison consacré aux ancêtres : "Malidoma: Every person in this country should have shrine in their home dedicated

[40] "The Wisdom of the Somes." *Essence*. December 1998. By Diane Weathers; Diane Weathers is a frequent contributor to ESSENCE. Pg. 124.

to their ancestors, so that whenever a crisis occurs in the family, that crisis can be brought to the ancestors' attention."

En octobre 2000, Malidoma fait partie d'une conférence au sud des U.S.A., dans l'état de Louisiane sur la réinsertion sociale des prisonniers. Somé est nommé comme l'un des intervenants vedettes :

> « Tulane University, 6823 St. Charles Ave. Project Return, a prisoner rehabilitation project, presents "From Prison to Community: Third Annual Conference." Theme: "The Practice of Forgiveness -- Transformation in Action." Featuring Sr. Helen Prejean, Robert Moore, Malidoma Some and many others. Through Oct. 28. Registration begins at 7:30 a.m. with opening remarks at 8:30. » [41]

L'État de New Mexico dans le Sud-Ouest des Etats-Unis semble avoir été beaucoup réceptif à Somé et aux ateliers d'initiation qu'il donne, ainsi que l'indique cet article montrant l'intérêt des autorités locales. Le Nouveau-Mexique a une population indigène indienne très importante, et cela pourrait expliquer la bonne réception du savoir endogène et spirituel que Somé veut partager avec elle :

> « Some, who comes to New Mexico for several appearances this week, says that in the wealthiest parts of the globe -- the United States and Europe -- there is a vehement desire for spirituality while in Africa -- home to some of the poorest people in the world -- there is an abundance of spirituality and a shortage of material things." " "That translates into a certain kind of imbalance," he said. "While the West is

[41] "Religion Calendar." *Times-Picayune* (New Orleans, LA). October 21, 2000 Saturday. Pg. 13.

overflowing with material, the indigenous world is overflowing with spirit." "Some was educated at a French Jesuit boarding school, then took doctorates in political science at the Sorbonne in Paris and in literature at Brandeis University in Boston." "His first name, Malidoma, means "Be friends with the stranger/enemy" in the Dagara language. Since coming to the West in 1979, he has tried to live up to his name by teaching Westerners about the sacredness in African religion. »

C'est dans cet article que Somé révèle son utilisation du paradigme du sujet postcolonial exotique ("Postcolonial exotic," de Graham Huggan). Somé soutient qu'il établit un échange permettant une promotion des traditions africaines, autrefois rejetées par le colonisateur. C'est un partenariat gagnant-gagnant, où l'Occident, riche en matériel et pauvre en pratiques spirituelles, recevrait du spiritisme africain, et l'Afrique riche en pratiques spirituelles et pauvre économiquement, obtiendrait des retombées financières.

«"In a telephone interview last week from his home in Chico, Calif., he said the European colonizers of Africa initially were disinterested in its native traditions, but now their descendants are fascinated." ""In my tribe, what happened was the Catholic missionaries provided baptism and conversion to Christianity in exchange for a systematic rejection of tradition and its savage practice," he said. "Now to see that all of a sudden these same people are interested in this thing that they rejected early on, first, it intrigues the indigenous person and, second, it makes the indigenous person feel like there is some kind of value allocated to that which was initially devalued. "That can have some positive sharing consequences on the psyche of the indigenous person. You want to share because the colonizer is interested." "Some's autobiography, *Of Water and the Spirit*, includes the story of his sexual abuse by Jesuit priests in the boarding school. In his years in the West, he has come to know that this is widespread. »

«"Some is no babe-in-the-woods about Western culture. He said that when he first began giving workshops about 1993, some "religious fanatics" in the audience attacked his credibility, though this seldom occurs today. His Web site, www.malidoma.com, includes a schedule that has him traveling to the East Coast after Santa Fe, then to Minneapolis, North Carolina and Scotland." "His visit to Santa Fe is directed by Laura Taffany, wife of Santa Fe County Attorney Steve Kopelman. Taffany was traveling last week, but Kopelman said he has found Some's workshops enlightening. "I was blown away by it," he said. "For me, it gives me a glimpse into a whole other reality that I've never experienced -- a suspension of the typical Western mind that I know I possess. "Maybe part of it is having worked as an attorney for so long and being so immersed in this mind set, something like this is just an opportunity to see things so totally differently." »

Dans ses ateliers, Somé se fait aider d'un interprète, Francis Weller, et il explique pourquoi, plus bas. Il a besoin d'un Américain qui connaît très bien sa culture et qui pourrait la faire passer par la traduction et l'interprétation à un auditoire américain. Il déclare d'ailleurs qu'il n'apporte pas de doctrine stricte, mais plutôt qu'il veut établir un pont entre les cultures occidentales et africaines : "Some will be accompanied by Francis Weller, an American with knowledge of African culture who helps translate some of the concepts into English for an U.S. audience." Par ailleurs, Somé définit sa mission spirituelle en se défendant d'imposer un dogme religieux. Il affirme qu'il établit plutôt un pont culturel et spirituel entre le monde indigène et le monde occidental :

> « I'm not the spokesman for some kind of religious dogma, nor am I some kind of envoy with the idea of providing some kind of strict doctrine -- Buddhism, Santeria, you name it," Some said. "I'm more into the project of bridging cultures and spirits and that's what led me to realize I need someone here with sufficient understanding of my culture who can then contribute to the translation of the material so that East can meet West, so there can be some kind of handshake between cultures. » [42]

Santa Fe New Mexican a été la revue dont les articles sont les plus complets en informations sur l'autobiographie de Somé et les ateliers qu'il a organisés. *Santa Fe New Mexican* produit un autre article informateur sur Somé quelques mois plus tard. Le fait que le même journal du Nouveau-Mexique fasse deux articles sur Malidoma Somé en l'an 2001 est un témoignage de son intérêt et de la popularité de Somé dans cette localité.

> « Malidoma Some will be in Santa Fe at the end of the month to give a talk and hold a retreat. Some, who lives in Chico, Calif., is an indigenous shaman, medicine man and diviner, from the Dagara Tribe in Burkina Faso, West Africa. He is the spiritual leader of his village. Some also has received a Western education and holds three master's degrees and two doctorates. He has published three books: His autobiography, *Of Water and Spirt*, plus *Ritual Power and Community*, and *Healing Wisdom of Africa*. He travels extensively and gives talks and workshops internationally. A

---

[42] "African shaman shares his spirituality with New Mexico." *Santa Fe New Mexican* (New Mexico). April 01, 2001, Sunday. Local; Pg. B-1. Tom Sharpe.

feature-length movie depicting his life's story is being contemplated a major movie studio. Some has started a non-profit, Echoes of the Ancestors, whose purpose is to raise money to provide food and to develop new water supplies in remote areas in Burkina Faso. All proceeds of the event that he will be holding in Santa Fe will go to directly benefiting these indigenous people." "Some will give a talk at 7 p.m. on July 26 at the Church of Religious Science, 505 Camino de los Marquez. A $ 20 donation is suggested at the door. There also will be a retreat beginning Friday evening at the Sunrise Springs Inn and Retreat Center. »[43]

Le fait que l'auteur lise des parties de son autobiographie en 2002 à un public de la Nouvelle-Orléans témoigne de la popularité de longue durée de son livre. Il est important de noter que l'auteur a fait cette lecture dans le centre d'études africaines et afro-Américaines : "Malidoma Patrice Some ('Water and the Spirit' and 'Ritual: Power, Healing and Community') reads at 7 p.m. Tuesday at Southern University/New Orleans' Center for African and African American Studies. Info: 286-5384."[44]

Dr. Roberts, un sociologue travaillant dans la réinsertion des prisonniers, déclare que Malidoma Somé est l'un de ses maîtres spirituels. Il n'est donc pas surprenant que Dr. Roberts prône la réinsertion des prisonniers à travers un rite de passage (une initiation, chère à Somé). Il déclare que l'initiation permet de faire accéder le jeune garçon au statut d'homme, ce qui peut

---

[43] "In brief." *Santa Fe New Mexican* (New Mexico). July 21, 2001, Saturday. Pg. B-5. "Shaman to give talk, hold retreat."

[44] "This week; A calendar for the bibliophile." *Times-Picayune* (New Orleans, LA). April 14, 2002 Sunday. Pg. 1.

juguler la crise masculine aux Etats-Unis où beaucoup d'hommes, faute d'avoir subi cette initiation, restent encore des garçons. Il dit que dans les prisons l'on traite les hommes en garçons ce qui justifie qu'à leur sortie on doit les initier pour qu'ils deviennent pleinement des hommes.

> «"Started in 1993 by a dentist-turned-sociologist with a penchant for tribal rituals and a belief in the benefits of grief counseling with a new-age twist, Project Return has since turned the heads of federal officials looking for ways to lower recidivism rates among former prisoners." "Seeing that one's emotional wounds are recognized by others is central to the program's mission, says Dr. Roberts, a man with a gentle voice and a bearish presence. A disciple of M. Scott Peck, author of The Road Less Traveled, and Malidoma Some, a medicine man for the Dagara tribe in Burkina Faso, Dr. Roberts says helping his clients work through repressed grief can lower ex-prisoners' propensity for self-destruction and violence." " "The monstrous form of grief is rage," says Dr. Roberts. "The most so-called primitive peoples understand this. They have rites of initiation to help turn boys into men that deal with grief issues. Basically, in our prisons, we treat men as boys. When they get out, we have to do an initiation of sorts."» [45]

Dix ans après la publication de son autobiographie, Somé l'utilise encore comme thème de son allocution à une communauté religieuse ainsi que le relate *The Houston Chronicle.* Cela témoigne de la pertinence de son autobiographie et de la continuité de l'intérêt du public : "Malidoma Som,: Author and elder of the Dagara tribe of

---

[45] "Offbeat Program's Success With Ex-Inmates Draws Notice." The Chronicle of Philanthropy. June 27, 2002. Michael Anft. Pg. 8.

Africa will discuss "Into the Water and the Spirit," 7 p.m. Friday. Shrine of the Black Madonna, 5309 Martin Luther King Blvd. $ 20, students $ 15."[46]

Dans cet article du magazine noir américain *Essence* de décembre 2005, il est encore question du couple Somé, mais cette fois-ci sur une note négative : leur séparation. L'interview concerne uniquement Sobonfu qui estime que l'absence de la communauté d'origine Dagara aux Etats-Unis aurait été à l'origine de sa séparation avec son mari.

> «"Without this support your own marriage, arranged by the elders of your tribe, suffered tremendous strain, which has led to separation.
>
> Yes, sadly. Living in the West, without the support of community, is like being on death row in terms of relationship. There isn't any energy supporting you. You are left to pick up the pieces of whatever is falling apart.
>
> You are both from the same tribe, only from different villages. Still, it had to be an extremely difficult union for the two of you: Malidoma Some, taken away from his village as boy to be educated by the Jesuits. Then he's off to the Sorbonne and Brandeis University, is a college professor in the Midwest -- is Westernized. He gets a letter from village elders telling him that he's married. And though he has never met you, he obediently returns home for you. This is amazing!"
>
> "It was a wound to my personal pride if I couldn't make a relationship work. Malidoma is a good man. I have gone from anger to sadness, bitterness to hope, and now I don't know where I am. I've gone beyond holding my breath and hoping that things will get better. All I am praying for right

---

[46] "ON TWO; Collection Plate." *The Houston Chronicle*. November 27, 2004, Saturday 2 STAR EDITION. Pg. 2.

now is that the relationship can be good in a different way if that is what it's supposed to be."» [47]

L'interview révèle que la vie en Occident et l'éloignement de la communauté d'origine des Somé ont eu raison de leur mariage initialement arrangé par les Anciens de leur village. Il faut noter que l'article est plus complaisant alors qu'il devait être plus critique d'un couple qui se présentait comme une réussite.

En janvier 2007, *St. Paul Pioneer Press* relate l'écho favorable d'une lectrice et d'une journaliste (Harriette Cole). Harriette Cole donne des conseils à une personne qui s'interroge sur la place des personnes handicapées dans le monde occidental. Selon elle, l'importance des personnes "handicapées" est exprimée dans l'autobiographie de Somé qui affirme que ces personnes sont considérées comme spéciales et sont célébrées dans la communauté Dagara.

> « There's a wonderful book called "Of Water and the Spirit" by Malidoma Some (Penguin Books/Arkana, 1994). In this book, Some talks about how in his indigenous culture in Burkina Faso, West Africa, all people are considered viable to the community, and people with disabilities are celebrated as special. They are given the role of gatekeepers between the villagers and the spiritual world. Practically, they are invited to fill vital roles in the community. Every single person is important. » [48]

Dans le cadre de la célébration de « Black History Month » (mois consacré à la célébration de l'héritage des

---

[47] "Ritual and Renewal With Sobonfu Some." *Essence*. December, 2005. Susan L. Taylor. Pg. 144.

[48] "Address code: Respect people with disabilities." *St. Paul Pioneer Press* (Minnesota). January 23, 2007 Tuesday. HARRIETTE COLE.

Noirs aux Etats-Unis) Malidoma Somé a été invité par le comité pour l'égalité des chances et la discrimination positive de Yosemite Park. Il faut noter l'emphase sur son parcours académique et le nombre de Phds engrangés par Somé. Il est à remarquer aussi la mauvaise orthographe de son nom (sans accent écrit) en 2008 malgré sa popularité.

> « The National Park Service Equal Opportunity Committee (E.O.C.), the Yosemite Institute, Balanced Rock Foundation, the Greater Good project, and Ron Kauk are pleased to present Malidoma Patrice Some, PhD, author, elder, diviner, and master drummer, in honor of Black History Month. The public is invited to join Malidoma to learn about the ancient wisdom and practices of the Dagara Tribe from West Central Africa, and to hear the music of a Master Drummer. Malidoma Patrice Some, Ph.D., will speak in honor of Black History Month. As a representative of his village in Burkina Faso, West Africa, and an initiated Elder, Malidoma Patrice Some has come to the west to share the ancient wisdom and practices which have supported his people for thousands of years. Malidoma holds three Master's degrees and two PhD's from the Sorbonne and Brandeis University. He has also taught at the University of Michigan." "Park Ranger Shelton Johnson, of Yosemite National Park's Equal Opportunity Committee said today: "Dr. Some's life is the embodiment of a spiritual homecoming to that ancient world within which he is now an Elder. I'm thrilled that he will be coming to Yosemite National Park to speak." "Dr. Some lectures and gives workshops throughout the U.S., Europe, and Africa." » [49]

---

[49] "YOSEMITE NATIONAL PARK WELCOMES MALIDOMA PATRICE SOME, PHD. FOR BLACK HISTORY MONTH CELEBRATION." *US Fed News*. January 29, 2008 Tuesday 5:31 AM EST.

En 2009 Malidoma Somé organise un atelier – camp. Il est à noter la bonne orthographe avec accent de Somé. Ceci s'explique par le fait que Le Canada, pays bilingue ayant une minorité francophone, est sensible aux accents écrits du Français. Cependant, le camp a d'abord été perçu comme une cérémonie hippie à éviter à tout prix, avant que les adolescents et leurs parents ne se décident enfin à y souscrire.

> « Teen Journey, a new weeklong camp held at the high-end Zajac Ranch in Mission, B.C., incorporates indigenous wisdom, elders, ceremony and rites of passage as a pathway for teenagers to get their bearings as they cross into adulthood. Led by 15 elders, shamans and mentors from a variety of cultures and traditions, the camp is intended, facilitators say, to guide teens to discovering their own unique gifts that can then be brought back to the "tribe." "One of the camp's elders is Malidoma Somé, a West African medicine man who is a member of the Dagara tribe from a small village in Burkina Faso, and the holder of two doctorates in psychology and philosophy from the Sorbonne and Brandeis University. On Monday, Mr. Somé led the teens to create their own village, assigning them to one of five groups - Earth, Fire, Water, Minerals and Nature. The teens made shrines to each element, showing how each life-giving aspect was crucial to every other member of the village. "Mr. Somé's task was to first convince a group of urban North American youth that everyone has a gift that makes them unique. "Everyone is gifted. Everyone is a genius," he says. "But it was a harder sell for some of the teens attending. For Mr. Kier, it initially set off alarm bells. "I was like 'Hippie alert! Avoid ... avoid ... avoid!'" he says."» [50]

[50] "Camp Self-Discovery; Using indigenous wisdom, elders, ceremony and rites of passage, a week-long retreat aims to give teens greater

La popularité de Somé est aussi manifeste par l'admiration que lui voue un autre auteur de livres spirituels destinés à la communauté noire américaine : Stephanie Rose Bird. Dans cet article d'un blog de 2010, où elle est l'objet d'une interview, Stephanie Rose Bird déclare, à la question de savoir avec quelle personnalité elle aimerait déjeuner et avec qui elle aimerait converser, elle répond : Malidoma Somé. Elle affirme qu'elle aimerait travailler avec lui parce qu'elle l'admire énormément. Auparavant, elle l'avait mentionné parmi ses auteurs préférés.

> "Who are some of your favorite authors?"
>
> "I like Carleen Brice, Judika Illes (two friends of mine) Christopher Penzak, Malidoma Patrice Some, Carlos Castenada, Dean Koontz and some of Stephen Kings earlier work."
>
> "If you could have lunch and chat with any author, dead or alive, who would it be and why?"
>
> "I m hoping to meet the African shaman Malidoma Patrice Some. Id like to study with him. I admire his work tremendously." [51]

La réception de l'autobiographie de Malidoma Somé a été largement positive et a concerné une diversité de lecteurs : les Noirs américains, les Américains blancs, les Indiens indigènes d'Amérique, les Britaniques et les Canadiens. Malgré quelques critiques sur la validité du

---

self-knowledge and confidence before heading back to school." *The Globe and Mail* (Canada). September 7, 2009 Monday. Pg. L1.

[51] "Interview: Stephanie Rose Bird, Author of The Big Book of Soul: The Ultimate Guide to the African American Spirit." *Blogcritics.org Books*. February 28, 2010 Sunday 4:08 PM EST. April Pohren.

transfert des valeurs de la culture Dagara au monde occidental moderne, le livre reste toujours célèbre et d'actualité en Occident Anglophone.

L'autobiographie et son projet cinématographique

LeVar Burton, que les téléspectateurs ont découvert dans la série américaine *Roots/Racines* consacrée à l'esclavage trans-Atlantique, a projeté depuis le début des années 1990 de faire un film sur la vie de Somé alors même que son autobiographie n'avait pas été publiée. L'intérêt soutenu pour ce film et sa longue durée de production sont remarquables, car le film n'a pas encore été produit jusqu'à maintenant au milieu des années 2010. Le projet connaîtra également un changement de titres : Intitulé *Malidoma* à l'origine, il deviendra *Initiation*. Le projet d'adapter l'autobiographie de Somé au cinéma est un témoignage de la popularité dont bénéficie cet ouvrage. Il n'est pas surprenant que LeVar Burton qui a joué le rôle de « Kunta Kinté » dans la série télévisée américaine *Racines* ait choisi ce livre, car dans la série télévisée, la scène la plus marquante pour le jeune Kunta Kinté était l'initiation en retraite du village qui l'a transformé en homme. On pourrait dire qu'il y a dans ce projet un effet et une influence de la série *Racines/Roots*. L'autobiographie de Somé vient donc confirmer l'horizon d'attente des Noirs américains dans leur soif de leurs origines ancestrales. C'est d'ailleurs le message de *Roots* que Kunta Kinté devenu esclave a transmis à ses descendants : maintenir à tout prix le contact avec la culture et le lieu d'origine africains. L'autobiographie de Somé vient compléter de façon plus profonde et plus personnelle la réalité de l'initiation qui avait été présentée dans le film de manière parcellaire. Somé ajoute donc la dimension spirituelle qui en était absente et, qui plus est, apporte une étape de succès, car, contrairement à *Roots/Racines* où des initiés (et même un des maîtres d'initiation) ont été finalement capturés par les esclavagistes, l'initiation donne à Somé un pouvoir d'affirmation et de domination sur le monde occidental.

> « THE BIG-SCREEN SCENE: LeVar Burton will produce, direct – and perhaps star in—"Malidoma," a big screen story of an African shaman who "walks the bridge between two cultures." The feature begins filming in Florida the first week of May for Burton's Eagle Nation Films company. For now, he'll continue juggling "Star Trek: The Next Generation" acting chores with tapings of his PBS "Reading Rainbow" series and weekly work as the voice of one of the characters on Ted Turner's upcoming "Captain Planet" cartoon series. » [52]

Il faut noter que cet article de *Orange County Register* annonçant le projet de film sur Malidoma Somé est paru quatre ans avant la publication de son autobiographie. Cela pourrait signifier que Malidoma Somé avait déjà parlé de sa vie et singulièrement de son autobiographie dans d'autres fora pour que LeVar Burton soit intéressé à en faire un film. Trois ans après, en 1993, le journal *Daily Variety* annonce non seulement que LeVar Burton dirigera la série de science-fiction *Star Trek,* mais qu'il a aussi un financement pour son film *Malidoma* qui sera tourné en Afrique du Sud et à New York.

[52] "Lee Rich to ride again with Steven Seagal in 'Passenger'." *Orange County Register* (California). March 14, 1990 Wednesday EVENING EDITION. Marilyn Beck. Pg. L04.

> « LeVar Burton's set to direct a "Star Trek: The Next Generation" seg in April. He tells me his Eagle Nation Films, with partner Julia Roberson, has four projects in development--financed by German investors. One, "Malidoma" is set in South Africa and N.Y. » [53]

En juillet 1993, le film de LeVar Burton sur Somé est annoncé pour se produire l'année suivante.

> « His personal plans include directing projects for his own company, Eagle Nation Films. Its first feature, "Malidoma," scheduled to begin production next year, will tell the true story of a West African shaman who serves as a bridge between conflicting worlds. » [54]

Toujours dans ce mois de juillet 1993, *The Washington Post* précise que Burton est le président de la compagnie Eagle Nation Films qui produit des films autour des thèmes de magie et de spiritualité. L'article insiste sur l'enthousiasme de Burton particulièrement pour son projet de film sur la vie de Malidoma Somé.

> « For nonfiction fare, he is president of Eagle Nation Films, his production company for projects with magical or spiritual themes." "Burton also is involved with creating a couple of TV projects, and is enthusiastic about a feature called "Malidoma," from a true story of a West African shaman. » [55]

---

[53] "Just for Variety." *Daily Variety*. January 15, 1993 Friday. Army Archerd."

[54] "LeVar Burton Celebrates 10th Anniversary on 'Reading Rainbow'." *The Associated Press*. July 11, 1993, Sunday, BC cycle. Jackie Hyman.

[55] "Multi-Faceted Career Not Always by the Book." *The Washington Post*. July 25, 1993, Sunday, Final Edition. Scott Moore. Pg. Y6.

En 1994, l'année de la publication de l'autobiographie de Somé, LeVar Burton obtient des autorisations pour lancer son projet de film sur le shaman africain.

> « LeVar Burton's Eagle Nation Films has established a yearlong first-look housekeeping deal at MTM Enterprises to develop feature film and television projects for him to act in, produce or direct." "Burton said he has already optioned film rights to two rather exotic literary properties. (…)The other book, "Of Water and the Spirit" by Malidoma Patrice, is the true story of a West African shaman." "Burton, whose career was launched when he played Kunta Kinte in the acclaimed miniseries "Roots," also produces and hosts the Emmy-winning children's series "Reading Rainbow," now in its 11th season on PBS. » [56]

Au fil des années, le film sur la vie de Malidoma change de titre : Initialement intitulé *Malidoma* il devient *Initiation* et est maintenant basé sur l'autobiographie de Somé. Jusqu'en 2016, le projet était toujours en chantier, vingt et un ans après son lancement. Le film a un site web : http://www.initiationmovie.com/ qui décrit ainsi le projet :

> «"Of Water and the Spirit," the award winning autobiography by Malidoma Patrice Somé, tells of one man's destiny to become a healer and bridge builder between the ancient and modern worlds. It is this compelling story that forms the basis for the screenplay "Initiation" by Anthony Johnson and Howard Besserman, as well as the directorial commitment by famed actor/producer, LeVar Burton. Under Mr. Burton's directorship, we anticipate an ensemble cast of some of the finest African-American

[56] "Burton treks to MTM for film, TV development." *The Hollywood Reporter*. November 3, 1994, Thursday. Kirk Honeycutt.

actors, including Lawrence Fishburne, Morgan Freeman, Forest Whitaker, as well as Grammy Award Winning Hip Hop Artist Lupe Fiasco among others. »[57]

Le site annonce la participation d'acteurs américains célèbres tels que Lawrence Fishburne, Morgan Freeman et Forest Whitaker.

Un autre site web consacré à la guérison « Paths to Change » annonçait qu'en Eté 2007 un film hollywoodien basé sur l'autobiographie de Somé avait commencé à tourner en Afrique du Sud. Cette information n'est cependant pas confirmée par le site du film lui-même. Le site annonçait également que Somé soutient les lesbiennes, les homosexuels, les bisexuels, les transgenres et les Queers.

> « Malidoma Somé, Ph.D. as representative of his village in Burkina Faso, West Africa, and an initiated elder, has come to the West to share the ancient wisdom and practices which have supported his people for thousands of years. A double-Ph.D. (The Sorbonne in Paris, and Brandeis University), Malidoma is the author of the *New York Times* best-seller Of Water & Spirit, and is the Founder of the Ancestralization Series. He is heralded as one of the most innovative spiritual and cultural teachers of this era. His best-selling books, lectures, retreats and conferences have attracted hundreds of thousands to his spirited gatherings. As a heterosexual ally, he stands boldly in support of the full reemergence and integration of LGBTIQ (Lesbian Gay Bisexual Transgender Intersexed Queer)/SGL (Same-Gender-Loving)/Twin Spirit people in a society supporting global healing. In Summer of 2007, a major Hollywood motion picture based on *Of Water and the Spirit* began filming in South Africa. The film,

---

[57] http://www.initiationmovie.com/home.html

currently titled *Initiation*, is directed by Levar Burton, produced by Mark Wolfe, Julia Roberson and Anthony Johnson, and written by Anthony Johnson, Howard Besserman, Julia Roberson and LeVar Burton. »[58]

Pendant plus de vingt ans, le film sur la vie de Somé est resté en chantier, témoin non seulement de l'intérêt constant et de la ténacité de LeVar Burton. Néanmoins, aucune explication n'est donnée sur les raisons du retard de la parution de ce film biographique.

Conclusion

La réussite (succès de réception) de l'autobiographie de Somé est due en grande partie à un besoin des Américains de valider d'autres sources de savoirs, auparavant dénigrées et présentées comme des superstitions. Le terrain du succès de Somé a été préparé par le « New Age Movement », un mouvement spirituel non orthodoxe qui valorise d'autres types de savoirs hors du monde occidental. Ce mouvement spirituel sort du cadre judéo-chrétien et cherche des réponses dans des religions et croyances indigènes. C'est ce qui explique le bourgeonnement de temples bouddhistes et l'adhésion à ce mouvement de nombreux Américains y compris des personnalités médiatiques et de haut rang comme des acteurs, hommes d'affaires, etc. L'étude de la réception montre qu'en fait *Of Water and the Spirit* est une autobiographie en collaboration (réussie, qui rappelle le cas de Dramé et Senn-Borloz), car une spécialiste de l'écriture et de la publication a aidé Somé à écrire son livre

[58] http://www.pathstochange.net/institute/wpp_healing_rage.html. En janvier 2016, cette information n'était plus disponible sur le site.

afin de le mieux présenter au public américain et anglophone. C'est la profession de « nègre » littéraire, mais dans ce cas, le nègre de Somé s'effacera pour lui laisser tous les attributs auctoriaux.

Somé capitalise le succès de son autobiographie par la pratique de l'initiation qu'il propose dans des ateliers, des séminaires et des retraites spirituelles. Il joint à cela des ateliers de tambours africains. Somé a utilisé le paradigme du « Postcolonial exotic » (le sujet postcolonial exotique) à son avantage pour se faire valoir dans le monde occidental. Selon Graham Huggan, pour se faire une place dans le monde de la consommation et de la publication occidentale les écrivains de la marge (des ex-colonies) utilisent ce qui est exotique pour se faire du succès auprès du public occidental. Leurs productions littéraires et artistiques sont traitées de façon stratégique comme des marchandises en usant de la part exotique pour séduire l'Occident. Somé utilise donc l'initiation africaine et Dagara (un peuple méconnu des Américains) pour créer de l'intérêt et pour bien vendre son livre.[59] L'insistance sur le nombre de ses diplômes indiquerait une tactique de l'auteur de se donner du crédit en se présentant non pas comme un simple traditionaliste (shaman) illettré, mais plutôt comme quelqu'un qui a excellé dans l'éducation occidentale. C'est donc un shaman lettré et distingué qui fait la cour à l'Occident en tentant de le ramener à la tradition africaine.

Malgré des passages qui laissent le lecteur perplexe sur la véracité des événements décrits, et en dépit de ses

---

[59] Huggan, Graham. *The Postcolonial Exotic: Marketting the Margins.* Routledge, 2001.

incohérences, le récit de vie de Somé est une œuvre à succès dans le monde occidental. Le succès populaire de la réception de *Of Water and the Spirit* de Malidoma Somé est beaucoup plus perceptible sur la côte Ouest et dans le Sud-Ouest des Etats-Unis, en Californie et au Nouveau-Mexique où existent de nombreux partisans du « New Age Movement ». La réception de Somé par la communauté noire a été enthousiaste et populaire, comme en témoignent les nombreux articles du magazine noir américain *Essence* au point que l'on pourrait se demander pourquoi l'autre magazine noir américain *Ebony* est resté silencieux sur l'autobiographie de Somé. Une tentative de réponse est qu'*Ebony* est moins réceptif au spiritisme, car c'est un magazine d'une communauté noire chrétienne qui se focalise sur l'ascension socio-professionnelle de la classe moyenne noire. La réception populaire du livre de Somé a été relayée par la presse et soutenue par des séminaires, ateliers, retraites spirituelles donnés par Somé. Cette popularité a généré un projet de film basé sur son autobiographie et focalisé sur la partie consacrée à l'initiation. Cependant, le projet, plus de vingt ans après, n'a pas encore eu de concrétisation bien que le début du tournage ait commencé. Des critiques de Somé ont été formulées (groupes chrétiens, journalistes, et même un citoyen britannique), mais, malgré ces critiques (surtout de journalistes britanniques), l'œuvre de Somé a connu et connaît un succès de longue durée aux Etats-Unis. Malgré sa bonne réception, des erreurs demeurent chez les Américains et les Britanniques dans leur perception de Somé, de son autobiographie et de son origine. Ces erreurs sont mises en évidence par la mauvaise orthographe du nom de famille et du nom du pays. Le comble de l'erreur est de placer l'origine de Somé dans un autre pays africain : la Côte d'Ivoire et le Nigéria. Le récit de vie est présenté par Somé comme performance de soi, mise en spectacle, objet de promotion sociale et d'intégration réussie aux Etats-Unis. Dans son dialogue avec l'Occident, Somé établit un partenariat gagnant-gagnant entre l'Afrique et l'Occident à travers son organisation « Echoes of the Ancestors » chargée de collecter de l'argent pour le développement de son village, Dano. En échange, le maître d'initiation Dagara propose l'initiation et le spiritisme africains aux Occidentaux. Originaire d'un pays largement inconnu des Occidentaux, Malidoma Somé est cependant le Burkinabè le plus connu et le plus populaire aux Etats-Unis. Il a réussi à devenir un acteur de premier plan sur la scène internationale (« global player ») grâce à la construction d'un ethos qui prend appui sur les savoirs locaux et sur une action cohérente.

CONCLUSION

Rhétorique du récit de vie

Le récit de vie au Burkina Faso s'écrit aussi bien en français qu'en anglais, quoique la portion anglaise soit minoritaire. Dans la production francophone, il faut distinguer les ouvrages publiés par les maisons d'édition françaises et celles produites par les maisons d'édition burkinabè. Par exemple, le récit de vie de Naba Zidwendé, dans *Naba Zidwendé et les lieux sacrés de Manéga*, une auto-édition de Pacéré, viserait en particulier un public burkinabè du fait de la réduction des tirages et de la diffusion limitée. Dans le monde de l'édition africaine qui connaît d'énormes difficultés de diffusion, cet acte témoignerait plutôt du souci de l'auteur de s'adresser en priorité à un public burkinabè pour l'informer de sa propre culture. Il va sans dire que les récits de vie des deux burkinabè (« Hawa » et Malidoma Somé) écrits en anglais et publié aux Etats-Unis, visent en priorité un public anglophone et occidental, essentiellement américain. La plupart de ces récits de vie sont écrits sur la vie de l'auteur et sur la vie d'autres personnes et ils s'adressent à des publics diversifiés : Joseph Conombo veut s'adresser aux jeunes générations ; le récit de vie du Président Saye Zerbo s'adresse implicitement à la communauté des chrétiens Protestants du Burkina Faso comme un témoignage de conversion ; le récit de vie de « Hawa », tel que rapporté par Chernoff, est dirigé vers une communauté d'universitaires que sont les anthropologues, ethnologues, africanistes, etc. Qui dit public cible, dit aussi orientation du discours en vue de convaincre cet auditoire. Chernoff, en rapportant le récit de vie d'une prostituée burkinabè, entend convaincre le public américain (au sens large) de la richesse du témoignage de la protagoniste africaine pour faire ainsi contrepoids aux statistiques alarmantes sur l'Afrique. Au sens restreint, Chernoff s'adresse plus particulièrement à la communauté universitaire des enseignants-chercheurs, et veut apporter la pertinence de son savoir ethnographique pour une possible promotion académique. Hado Paul Zabré publie *Mémoire de syndicaliste* en 1998 pour montrer aux jeunes générations la contribution des syndicats dans l'histoire du Burkina : « En réalisant l'ouvrage, j'ai seulement voulu faire œuvre utile pour les générations actuelles, pour nos enfants et nos petits-enfants, afin qu'ils sachent qu'il a existé avant la colonisation, pendant la colonisation, et après les indépendances de nos Etats, des pionniers syndicalistes qui ont fait l'histoire de l'Afrique noire » (Préface). Son ouvrage porte comme sous-titre *Haute-Volta : face à face gouvernement-syndicats.*[60] Ces mémoires sont ceux d'un syndicaliste burkinabè qui commença son activité militante au sein de l'Association

[60] Zabré, Hado Paul. *Mémoire de syndicaliste : Haute-Volta : face à face gouvernement-syndicats.* Ouagadougou : Direction des Presses Universitaires, Université de Ouagadougou, 1998.

Scolaire Voltaïque (ASV) durant ses études à Dakar et en France dans les années soixante. Il retrace avec quelques détails particuliers les événements de janvier 1966, auxquels, élève de Terminale, il participa en tant qu'acteur de la rue, et qui provoquèrent la chute de Maurice Yaméogo, premier Président de la Haute-Volta. Zabré affirme que l'arrivée des militaires au pouvoir aurait été précipitée par un fou qui reprit le mot d'ordre de « l'armée au pouvoir ! » avec une si grande fougue qu'elle dynamisa le peuple et devint une réalité. Ingénieur stagiaire non titularisé, Zabré se voit propulsé à la tête du Syndicat des Techniciens et Ouvriers Voltaïques (SATOV) comme Secrétaire Général en juillet 1973. Il décrit le rôle qu'il dut jouer comme premier responsable de son syndicat dans la défense des travailleurs devant leurs employeurs et dans le regroupement de tous les syndicats autonomes sous la Confédération Syndicale Voltaïque (CSV). Ces mémoires sont constitués de nombreux documents d'archives : déclarations et rapports de congrès, réflexion générale sur la lutte syndicale et l'impérialisme en Afrique, etc. L'auteur mentionne la grève de décembre 1975 comme une des plus grandes réussites du mouvement syndical voltaïque. Zabré relate également les conditions terribles auxquelles il dut se plier pour se cacher des actions du gouvernement qui visait son élimination physique. Il situe le déclin du syndicalisme par sa collusion avec la politique : « Je demeure convaincu que le déclin du syndicalisme voltaïque était enclenché dès lors qu'une fraction très intelligente des travailleurs avaient (sic) dans leur tête, d'utiliser le syndicalisme à des fins politiques. » (258). Zabré conclut en expliquant qu'il dut quitter la direction de la CSV suite à une rumeur non avérée l'accusant d'avoir été corrompu par le président Lamizana dont il aurait reçu trois millions de Francs CFA. Avec le recul du temps, l'auteur regrette d'être parti de la CSV sur un coup de tête. Il fut remplacé par Salif Ouédraogo, auquel succéda Bonaventure Compaoré, puis Soumane Touré. L'auteur déclare avec amertume avoir été incompris et soutient que ce seraient les actions de la CSV entreprises en décembre 1975 qui «[..] ont favorisé la compréhension du peuple dans l'acceptation de la révolution. » (304). Ces mémoires, qui portent comme date de rédaction « août 1996 », ne font pas innocemment référence à Soumane Touré comme l'un des successeurs de Zabré Paul. L'auteur semble émettre l'idée que son action syndicale a été injustement occultée par un homme de la trempe de Soumane Touré qui joua un grand rôle syndical et politique. L'anecdote que conte l'auteur en début du livre est révélatrice de cette pirouette rhétorique de l'auteur :

> Dans un lycée Ouagadougou, le lycée ZINDA, lors d'un cours d'instruction civique, le professeur demanda à ses élèves :
>
> Question : En quelle année fut créée la Confédération Syndicale Voltaïque (C.S.V.) et qui en fut le premier Secrétaire Général?
>
> Réponse des élèves : TOURÉ Soumane.
>
> Réponse du maître : faux, la CSV a été créée en septembre 1974 et Paul Hado ZABRÉ en était le premier Secrétaire Général. (5)

Les faits de cette anecdote datent de 1985 et Soumane Touré, responsable syndical, avait déjà joué un rôle de premier plan comme ministre de l'Information dans le gouvernement révolutionnaire du CNR (Conseil National de la Révolution). Le récit de vie de Zabré, orienté vers un lectorat jeune, devient un champ rhétorique et un lieu de règlement de comptes syndical et politique. Zabré voudrait par cette anecdote montrer qu'il a été le devancier de Soumane Touré dans la création de la CSV.

Le récit de vie devient également un lieu de règlement de comptes politique où s'affrontent deux acteurs de la Révolution : Valère Somé et Basile Guissou. En 1990, Valère Somé publie *Thomas Sankara, l'espoir assassiné*.[61] Ce témoignage des derniers moments de la vie de Thomas Sankara est un essai d'explication de la mort de celui dont il fut l'ami et le collaborateur. L'auteur, ancien ministre des Enseignements Secondaires, Supérieurs et de la Recherche Scientifique, avance plusieurs hypothèses autour de la mort du défunt Président du CNR et raconte ses propres tribulations dès la proclamation du Front Populaire de Blaise Compaoré. L'ouvrage conclut avec un projet du Mouvement Sankariste dont l'auteur est le dirigeant. La biographie, la chronique et l'essai à thèse font un tout dans cet ouvrage. Cependant, ce sont le récit de vie et les convictions politiques qui dominent. Cinq ans après, en 1995, Basile Guissou, ancien compagnon de lutte de Valère Somé et de Thomas Sankara et également ancien ministre sous la Révolution, publie *Burkina Faso, un espoir en Afrique.* Cet ouvrage, qui est un témoignage de l'auteur sur l'évolution politique du Burkina de la révolution à l'avènement du multipartisme, contient des récits de vie. L'auteur, qui exerça plusieurs fonctions

[61] Somé, Valère D. *Thomas Sankara, l'espoir assassiné*. L'Harmattan, 1990.

ministérielles sous la Révolution burkinabè fait l'historique du Burkina Faso en se focalisant sur la période du Conseil National de la Révolution de Thomas Sankara. Le récit personnel est amalgamé avec une appréciation d'ensemble sur la progression du Burkina Faso depuis l'accession du pays à l'indépendance, en passant par la Révolution du 4 août et en se limitant au multipartisme dans les années 1990. Après l'évaluation de la Révolution, des analyses et bilans politiques et sociaux, l'auteur clôture sur une note d'espoir pour l'avenir du Burkina Faso. L'opposition est déjà visible dans les titres : Somé promeut un individu (Thomas Sankara) comme étant la personne la plus méritante dont le Burkina Faso a été sevré. L'utilisation de l'article défini « le » indique l'unicité et le caractère exceptionnel de Thomas Sankara. En revanche, Basile Guissou substitue à l'individu Thomas Sankara, le pays, le Burkina Faso. Sur le plan grammatical, Guissou s'oppose encore à Somé en reprenant le mot « espoir » mais en utilisant cette fois l'article indéfini « un ». Guissou semble se détourner de la personne de Thomas Sankara pour entraîner ses lecteurs vers une vue générale des progrès du Burkina Faso à toutes les périodes historiques, y compris sous la Révolution. L'œuvre de Guissou apparaît comme une réponse à l'ouvrage de Somé. Cette réponse entre dans le contexte d'une bataille idéologique sur la marche à suivre après la mort de Sankara. Tandis que Somé prône la lutte contre le régime Compaoré, Guissou est plutôt favorable à une collaboration avec ce dernier. Les anecdotes et les attaques contre certaines personnalités politiques ne manquent pas. Ainsi, Guissou, dans son livre, s'attaque directement à Somé : « La première prise d'otages politiques a eu lieu au siège du Conseil National de la Révolution sur la proposition insistante de Valère Dieudonné Somé, le même qui tentera d'abandonner ses camarades emprisonnés avec lui après le 15 octobre 1987. » (81) Quatre pages plus loin, Guissou continue en désignant Valère Somé par une périphrase :

> Le même responsable d'un groupe politique civil qui avait proposé et obtenu la prise en otage des anciens hommes politiques déclarait en février 1987 devant plusieurs témoins encore vivants : « Sankara est devenu fou. Nous l'avons aidé à prendre le pouvoir. Le pouvoir lui est monté à la tête. Il va nous tuer tous un à un. Il faut lui mettre une balle dans la tête. C'est la seule solution. Son étoile est montée et il veut supprimer tous ceux qui y ont contribué. Je dois vous ouvrir les yeux sur ce danger réel. » Le 16 octobre 1987, selon ses propres dires, c'est le même qui va proposer son soutien à Blaise Compaoré contre « la peau » de deux de ses camarades auxquels il en voulait à mort : « Blaise, toi-même tu sais que Thomas voulait me tuer ! » confia-t-il ce jour. (85-86)

L'objectif d'une telle attaque personnelle (ad personam) est de discréditer la personne et l'œuvre de Somé.

Le récit de vie est aussi un lieu de débat rhétorique, de controverse, autour d'une personnalité historique. Alice Tiendrébéogo-Kaboret publie en 2010 *Philippe Zinda Kaboret : un héros de la lutte anti-coloniale*. La fille de Philippe Zinda Kaboré s'insurge contre l'allégation de Joseph Issoufou Conombo (*Acteur de mon temps : un Voltaïque dans le XXe siècle*) selon laquelle Philippe Zinda Kaboré se serait opposé à la reconstitution de la Haute-Volta alors qu'il était député à Paris. En effet, dans

Acteur de mon temps : un Voltaïque dans le XXe siècle, Conombo relate l'entrevue mouvementée entre les chefs coutumiers de Ouagadougou et Philippe Zinda Kaboré. Dans son récit, Conombo semble dénoncer « l'arrogance » de Kaboret et suggérer que ce dernier ne voulait pas œuvrer pour la reconstitution de la Haute-Volta (128-130).

> Nous avons quitté la concession impériale, Bouda François et moi chevauchant nos bicyclettes et Bebzinda Kaboré Philippe dans sa belle auto ! Ce même jour, le Député remettait les pieds pour la première fois dans la capitale du Moogho, car après son élection à l'Assemblée Nationale Française le 10 novembre 1946 à Paris, il ne connaissait plus personne ! […] Le député Bebzinda Kaboré était là, assis sur une chaise face au Moogho Naba et à ses ministres assis par terre…D'autres sièges furent distribuées puis sans autre formalité, le Naba s'adressa à moi : « Je vous ai fait venir maintenant, car, après votre départ d'ici ce matin, le Député nous a fait savoir qu'il n'était pas d'accord pour la reconstitution du territoire de la Haute Volta. » (129)

Dans *Philippe Zinda Kaboret : un héros de la lutte anti-coloniale* Alice Tiendrébéogo-Kaboret soutient la thèse que son père fut au contraire un patriote qui lutta effectivement pour la reconstitution de la Haute-Volta. En appoint, elle cite dans son ouvrage le témoignage issu des lettres de son père (Philippe Zinda Kaboré) et de son ami Dominique Kaboré (73-74;118-120).[62] En avant-propos, Tiendrébéogo-Kaboret déclare :

---

[62] Kaboré, Désiré. Y. Dominique Kaboré. *Lettres ouvertes : Philipe Zinda Kaboret : Premier député de Haute-Volta au parlement français (1941-1947)*. Ouagadougou : Imprimerie Presses Africaines, 2010.

Pour moi, mon père est mort deux fois : d'abord ceux qui l'auraient tué et/ou ceux qui se sont réjouis de sa mort, ensuite ceux qui ont laissé perdre sa mémoire en égarant ses documents (délibérément ?) et même en oubliant de mentionner son action dans l'histoire de notre pays et du RDA, alors qu'il fut l'un des vrais militants de l'époque. (6) [63]

L'historienne Alice Tiendrébéogo-Kaboret s'attèle à une œuvre de restitution de la mémoire et de la dignité de son père. Dans le débat rhétorique et historique sur le rôle que joua ou ne joua pas Philippe Zinda Kaboré, il faut noter avec satisfaction une circularité des sources. Alice Tiendrébéogo-Kaboret, pour prendre le contrepied de Conombo, se réfère au récit de vie de ce dernier et s'appuie sur des documents de son père, mais aussi et surtout sur le témoignage épistolaire d'un ami de son père pour essayer d'établir une vérité.

Notre ouvrage jette un regard critique sur la production des récits de vie du Burkina Faso de la colonisation à nos jours. Malgré quelques garanties et mises en gardes des auteurs, ces récits ne sont pas dénués d'agenda et de la projection d'une image de soi (ethos) des auteurs. En effet, la plupart de ces récits de vie articulent une rhétorique variée (exemplaire, justificative, corrective ou pédagogique) orientée vers un public diversifié. Dans la rubrique des récits de vie qui projettent l'idée de l'exemple à suivre, existent des autobiographies, des mémoires aussi bien que des biographies.

---

[63] Tiendrébéogo-Kaboret, Alice. *Philippe Zinda Kaboret : Un Héros de la lutte anti-coloniale*. Ouagadougou : Imprimerie Presses Africaines, 2010.

En faisant la biographie de son père dans *M'ba Tinga : Tradition des Mossé dans l'Empire du Moogo Naba*, Conombo veut représenter à la génération des Burkinabè qui n'a pas connu la colonisation l'exemple de la vie d'un Moaga à cheval entre l'empire du Mogho Naba et la colonisation française. Bien entendu, il ne s'agit pas d'un exemple à suivre textuellement, mais plutôt d'une illustration, d'une démonstration pédagogique. Le livre de Conombo a donc une visée argumentative puisqu'il veut influencer le lecteur clairement par la démonstration de l'exemple illustratif de son père.

Dans son livre, *Mon expérience politique,* le professeur d'université et l'homme politique Laurent Bado lègue un témoignage et un testament à ses contemporains et à la postérité. Le récit de vie a une charge hautement politique, car Laurent Bado développe une argumentation justificative et corrective. Dans son livre, l'auteur développe l'ethos d'une victime par bonne volonté et par ignorance de la politique au Burkina Faso. Se degage de *Mon expérience politique* l'impression d'un homme victime de l'incompréhension des autres (sa tentative d'organiser une opposition efficace à travers l'Opposition Burkinabè Unifiée en 2002, et l'affaire des « trente millions » qu'il aurait reçus de Blaise Compaoré) et de l'instrumentalisation par le parti majoritaire, le CDP, de sa personne et de ses compétences. Bado revisite le scandale des trente millions qu'il aurait reçus du président Blaise Compaoré en vue de la création d'une autre opposition ; scandale qui provoqua le retrait de Bado de la scène politique. L'argumentation victimaire est aussi présente dans *Une Vie de militant : ma lutte du collège à la révolution de Thomas Sankara* Adama Touré, mais comporte un élément triomphaliste. Touré fut le professeur d'une génération de jeunes officiers, un leader syndical et un ministre sous la Révolution. Le titre est éloquent pour montrer que, malgré sa mise à l'écart de la Révolution, Touré est demeuré un militant convaincu, même après la fin de cette Révolution. La même argumentation victimaire et triomphaliste prévaut dans *Mémoire de syndicaliste* de Hado Pierre Zabré, puisque, comme mentionné plus haut, l'auteur évoque les circonstances floues de son départ de la CSV et indique par la narration d'une anecdocte sa frustration d'avoir été supplanté par un leader plus charismatique : Soumane Touré. Son triomphalisme est apparent dans l'affirmation qu'il fait de la contribution utile du syndicalisme sous son leadership qui aurait préparé l'acceptation et l'avènement de la Révolution par les Burkinabè. Ruth Amossy, dans *L'Argumentation dans le discours*, établit dans l'orientation de l'agenda de l'écrivain la précieuse distinction du discours "à visée" et "à dimension argumentative":

> L'usage de la parole est nécessairement lié à la question de l'efficacité. Qu'il vise une multitude indistincte, un groupe défini ou un auditeur privilégié, le discours cherche toujours à avoir un impact sur son public. Il s'efforce souvent de le faire adhérer à une thèse : il a alors une *visée* argumentative. Mais il peut aussi, plus modestement, chercher à infléchir des façons de voir et de sentir : il possède dans ce cas une *dimension* argumentative. (3, Préface) (Les italiques sont d'Amossy) [64]

---

[64] Amossy, Ruth. *L'Argumentation dans le discours*. Paris : Armand Colin, 2012.

En plus des différents types d'ethos nous interrogeons ces textes dans leurs agendas multiples qui incluent : la réhabilitation d'un personnage historique (Philippe Zinda Kaboré, le plus jeune député du Burkina Faso colonial au parlement français), la participation des "Tirailleurs sénégalais" à la deuxième guerre mondiale (*Souvenirs de guerre d'un "Tirailleur sénégalais"*), la contribution des syndicats à l'avènement de la démocratie (*Mémoires de syndicaliste*), et des prises de positions personnelles et politiques au sujet de la Révolution d'août 1983 (Valère

---

Pour éviter les confusions, il faut cependant différencier la dimension argumentative inhérente à de très nombreux discours, de la visée argumentative qui caractérise seulement certains d'entre eux. En d'autres termes la seule transmission d'un point de vue sur les choses, qui n'entend pas expressément modifier les positions de l'allocutaire, ne se confond pas avec une entreprise de persuasion soutenue par une intention consciente et offrant des stratégies programmées à cet effet. Une plaidoirie a une nette visée argumentative : Elle se donne comme objectif premier de faire admettre l'innocence de l'inculpé que l'avocat a pour tâche de défendre, ou de présenter des circonstances atténuantes qui diminueront sa peine. Une description journalistique ou romanesque, par contre, aura une dimension plutôt qu'une volonté argumentative. Elle apparaît souvent comme une simple tentative de donner à voir un pan de réel ; elle ne désire pas prouver, et parfois même s'en défend. Elle ne peut manquer, cependant, d'orienter le regard et de conférer au paysage ou au personnage qu'elle prend comme thème une coloration et un sens particuliers. En termes de genres, on peut mentionner (entre autres) parmi les discours à visée persuasive le prêche à l'église, le discours électoral, la publicité, le manifeste, l'éditorial. Parmi les discours qui comportent une dimension, mais non une visée argumentative, on peut citer l'article scientifique, le reportage, les informations télévisées, certaines formes de témoignages ou d'autobiographie, le récit de fiction, la lettre amicale, la conversation quotidienne. (44)

Somé et Basile Guissou). Notre analyse, qui intègre l'argumentation et la réception, utilise la précieuse distinction que fait Ruth Amossy entre les textes "à dimension" ou "à visée" argumentative. Cette distinction permet de répartir ces récits de vie en deux groupes. Les récits de vie à visée argumentative essaient d'influencer le lecteur, de le convaincre par une action volontaire et directe. Parmi les textes qui articulent cette orientation du discours on peut citer : *Mémoire de syndicaliste, M'ba Tinga : Tradition des Mossé dans l'Empire du Moogo Naba, Souvenirs de guerre d'un "Tirailleur sénégalais," Philippe Zinda Kaboret : un héros de la lutte anti-coloniale, Thomas Sankara, l'espoir assassiné,* et *Burkina Faso, un espoir en Afrique.* Les récits de vie à dimension argumentative sont peu nombreux : *De la Présidence au ministère d'évangéliste, Mon expérience politique, Sous les drapeaux, Sur la brèche trente années durant, Mémoires d'autres temps, Chronique de soixante années de lutte politique : un combat pour l'Afrique.* La dimension argumentative est sous-jacente au récit qui se veut au départ un simple témoignage sans volonté d'influencer le lecteur.

Nous nous interrogeons aussi sur la pertinence de ces récits de vie pour l'écriture de l'histoire du Burkina Faso. Du fait de leur parti pris clairement affiché, les récits de vie à « visée argumentative » devront être analysés avec plus de réserve critique et de circonspection par les historiens. Au contraire, les récits de vie à « dimension argumentative » bénéficieront de moins de suspicion et de réserve à cause de leur « neutralité » apparente. Ces derniers types de récits de vie seront d'une plus grande utilité aux historiens du fait de leur orientation quasi objective. Quel que soit leur agenda, ces récits de vie contribuent à la constitution d'une « archive mémorielle » du Burkina Faso de la colonisation à nos jours. Le fait même que certains ouvrages intègrent des documents d'archives personnels et officiels témoigne de cette volonté de laisser des traces et de marquer l'histoire pour la postérité.

L'audio-visuel n'est pas en reste lorsqu'il s'agit de faire le récit d'un personnage illustre du Burkina qui a marqué à l'intérieur et au-delà des frontières nationales : Thomas Sankara fait la différence par le nombre de documentaires et de films qui lui ont été consacrés, après son assassinat. Force est de reconnaître que ces productions audio-visuelles sont surtout le fait de non-Burkinabè. Cela s'explique par le difficile héritage de la mort de Thomas Sankara, qui était un chapitre non clos au Burkina sous Blaise Compaoré et qui connaît une suite après la chute récente du régime Compaoré. Un an après la mort de Thomas Sankara, Didier Mauro et Marie-Roger Biloa produisent un documentaire de 45 minutes *Capitaine Thomas Sankara, réquiem pour un Président assassiné* en 1988. Le Congolais Balufu Bakupa-Kanyinda réalise un documentaire de 26 minutes *Thomas Sankara* en 1991. En 2001, Michaël Phelippeau produit un documentaire de 31 minutes sur le Président assassiné : *Sankara pour mémoire.* En 2005, Jean-Philippe Rapp réalise *Sacrifices pour une révolution.* L'année 2006, à la veille du vingtième anniversaire de la mort de Thomas Sankara, voit la production de deux documentaires : *Fratricide au Burkina, Thomas Sankara et la Françafrique …* de Didier Mauro et Thuy-Tiên Ho et *L'homme intègre* de Robin Shuffield. En mai 2015, quelques mois après la chute du régime Compaoré, le journaliste de Radio France International, Alain Foka, produit un coffret de quatre DVDs intitulé : *Thomas Sankara* et intégré à la série « Archives d'Afrique » de RFI. Selon Alain Foka, ce coffret est le fruit de quatre années de recherches. Notre ouvrage est pionnier dans cette étude des récits de vie, et ne pourra pas explorer la dimension audio-visuelle. Cependant, nous voulons ouvrir des pistes en suggérant que d'autres études soient faites en particulier sur les documentaires sur la vie de Thomas Sankara, en interrogeant leur agenda unique ou multiple. L'on pourrait postuler a priori que ces « récits de vie en images » sur Thomas Sankara, exploitent des images d'archives préservées (surtout européennes comme celles de l'Institut National des Arts (INA)) pour combler le vide de l'absence ou de la destruction d'archives du président Sankara par les nouvelles autorités burkinabè soucieuses d'effacer la mémoire de l'homme charismatique qu'il fut. Le fait que la plupart de ces documentaires soient produits par des non Burkinabè témoigne certainement du « code de silence » pour ne pas dire de la censure imposée par le pouvoir de Blaise Compaoré, mais aussi de la tentative de pérennisation de l'héritage de Thomas Sankara hors du Burkina Faso comme un contre discours mémoriel tendant à rétablir son image terni par son successeur. Ces documentaires ou « récits de vie en images » sur Thomas Sankara sont riches et mériteraient une étude plus poussée.

BIBLIOGRAPHIE

Adesanmi, Pius. « Redefining Paris: Transmodernity and Francophone African Migritude Fiction. » *Modern Fiction Studies*. 51.4 (2005): 958-975.

Amossy, Ruth. *L'Argumentation dans le discours*. Paris : Armand Colin, 2012.

Andriamirado, Sennen. *Sankara, le rebelle*. Paris : Groupe Jeune Afrique, 1987.

– *Il s'appelait Sankara*. Paris : Jeune Afrique, 1989.

Anyinefa, Koffi. "Birago Diop, mémorialiste." *The French Review* 84.5 (2011): 956-965.

Arvigo, Rosita, Nadine Epstein, and Marilyn Yaquinto. *Sastun: My Apprenticeship with a Maya Healer*. San Francisco: HarperSanFrancisco, 1994.

Ashcroft, Bill, Gareth Griffiths, and Helen Tiffin. 1989. *The Empire writes back*. London ; New York: Routledge.

Austen, Ralph A. "Colonialism from the Middle: African Clerks as Historical Actors and Discursive Subjects." *History in Africa* 38.1 (2011): 21–33.

Bâ, Amadou Hampaté. *Oui, mon Commandant !* Arles: Babel, 1994.

Bado, Laurent. *Mon expérience politique*. Ouagadougou: ZITI Imp., 2014.

Balima, Salfo-Albert. *Un Combattant pour une Afrique nouvelle : le président Daniel Ouezzin Coulibaly, 1909-1958*. Ouagadougou.

- « Entretiens avec le colonel Michel Dorange de la Haute-Volta (mars 1980)». *La Haute-Volta coloniale : Témoignages, recherches, regards* ». Massa, Gabriel, Madiéga, Georges, eds. Paris : Karthala, 1995. 483-493.
- *Les Tribulations d'un Blanc au service des Noirs : le Colonel Michel Dorange au Burkina Faso*. Ouagadougou : Dimension Services, 1998.

Barry, Rasmané. *Souvenirs d'un pisteur peul*. Paris : Editions du Makhor, 2004.

Bazié, Jacques Prosper. *Nazi Boni : le Moïse du Bwamu*. Ouagadougou : Editions Kraal, 2014.

Boni, Nazi. *Crépuscule des temps anciens*. Paris : Présence Africaine, 1962.

Bonn, Charles, Joubert, Jean-Louis. Eds. *Autobiographies et récits de vie en Afrique. Itinéraires et contacts de cultures*. Volume 13. 1er semestre 1991.Paris : L'Harmattan, 1991.

Bonzi, Gnindé. *Souvenirs de la Révolution : des moments de la révolution sankariste vue (sic) par un enfant*. Paris : L'Harmattan, 2015.

Camara, Laye. *L'Enfant noir*. Paris : Presses Pocket, 1976.

Camara, Sory, *Gens de la parole. Essai sur la condition et le rôle des griots dans la société Malinké.* Paris/La Haye : Mouton, 1976.

Chailley-Bert, J. *Dix années de politique coloniale.* Paris : Librairie Armand Colin, 1902.

Chantoux, Alphonse. *Le Sacrifice d'Aloys Lankoandé.* Paris : Le Centurion, 1955.

Chavannes, Charles de. *Le Congo français.* Paris : Librairie Plon, 1937.

Chernoff, John Miller. *Hustling is not Stealing: Stories of an African bar girl.* Chicago: University of Chicago Press, 2003.

– *Exchange is not Robbery: More Stories of an African bar girl.* Chicago: University of Chicago Press, 2005.

Clough, Marshall, S. *Mau Mau Memoirs: History, Memory, and Politics.* London: Lynne Rienner, 1997.

Cointet, Emile de. *Vers le Tchad avec la mission Gentil. 1899-1900. Lettres du Congo et du Chari.* Paris, Mémoires d'Hommes, 1965.

Conombo, Joseph Issoufou. *M'ba Tinga : Tradition des Mossé dans l'Empire du Moogo Naba.* Paris, L'Harmattan, 1989.

– *Souvenirs de guerre d'un tirailleur sénégalais.* Paris : L'Harmattan, 1989.

– *Acteur de mon temps : Un Voltaïque dans le XXe siècle.* Paris : L'Harmattan, 2003.

– *Une Autre conquête de l'Afrique par l'amour et la Charité Pères blancs et soeurs blanches du Cardinal Charles Lavigerie Missionnaire d'Afrique*. Ouagadougou : Editions Firmament, 2003.

Crosta, Suzanne. *Récits De vie de L'Afrique et des Antilles : enracinement, errance, exil*. Sainte-Foy, Québec : GRELCA, 1998.

Delavignette, Robert. *L'Afrique noire française et son destin*. Paris : Gallimard, 1962.

Dicko, Ahmadou Abdoullahi. *Journal d'une défaite autour du Référendum du 28 septembre 1958 en Afrique Noire*. Limoges : Imprimerie Rivet, 1959.

Dim Delobsom, A. A. *L'empire du mogho-naba ; coutumes des Mossi de la Haute-Volta*. Paris : Les éditions Domat-Montchrestien, 1932.

Diop, Birago. *À Rebrousse-temps*. Mémoires, Volume 2. Paris : Présence Africaine, 1982.

Dramé, Adama, Senn-Borloz, Arlette. *Jeliya : être griot et musicien aujourd'hui*. Paris : L'Harmattan, 1992.

Fiéloux, Michèle. *Biwanté : récit autobiographique d'un Lobi du Burkina Faso*. Paris : Karthala, 1993.

– *Les Mémoires de Bindute Da* [enregistrement vidéo] un film réalisé par Michèle Fiéloux, Jacques Lombard ; [produit par] la SEPT, Atria Films, ORSTOM, CNRS. Bondy : ORSTOM Audiovisuel, 1988.

Fiéloux Michèle, Lombard, Jacques. *Les Mémoires de Bindute Da*. Paris : École des Hautes Études en Sciences Sociales, 1998.

Garango, Tiémoko Marc. *Devoir de mémoire*. Ouagadougou : Editions Edipap International, 2007.

Giordano, Rosario. *Belges et Italiens du Congo-Kinshasa : Récits de vie avant et après l'indépendance*. Paris : L'Harmattan, 2008.

Griaule, Marcel. *Dieu d'eau : Entretiens avec Ogotemmêli*. Paris : Éditions du Chêne, 1948.

Guion, Jean R. *Blaise Compaoré. Réalisme et intégrité. Portrait de l'homme de la Rectification au Burkina Faso*. Paris : Berger-Levrault, 1991.

Guissou, Basile. *Burkina Faso, un espoir en Afrique*. Paris : L'Harmattan, 1995.

Jaffré, Bruno. Burkina Faso. *Les années Sankara, de la révolution à la rectification*. Paris : L'Harmattan, 1989.

- *Biographie de Thomas Sankara : La patrie ou la mort*. Paris : L'Harmattan, 1997.

Haley, Alex. *Roots*. Garden City, NY : Doubleday & Company, Inc, 1976.

Hanotaux, Gabriel. *L'Affaire de Madagascar*. Paris : Calmann Lévy, 1896.

- *Fachoda*. Paris : Ernest Flammarion, 1909.
- *Histoire des colonies françaises et de l'expansion de la France dans le monde*. Tome 4. Paris : Plon, 1931.

Kaboré, Désiré. Y. Dominique Kaboré. *Lettres ouvertes : Philipe Zinda Kaboret : premier député de Haute-Volta au parlement français (1941-1947).* Ouagadougou : Imprimérie Presses Africaines, 2010.

Konaté, Doulaye. "Problématique de l'histoire nationale : cas de l'Afrique de l'Ouest." *Burkina Faso : cent ans d'histoire, 1895-1995*. Tome1. Paris-Ouagadougou : Karthala-Presses de l'Université de Ouagadougou, 1999. 22-45.

Kourouma, Ahmadou.. *Les Soleils des indépendances.* Montréal : Presses de l'Université de Montréal. Paris : Seuil, 1968 et 1970.

Lamizana, Sangoulé. *Sous les drapeaux*. Mémoires. Vol.1. Paris : Jaguar Conseil, 1999.

- *Sur la brèche trente années durant*. Mémoires. Vol. 2. Paris : Jaguar Conseil, 1999.
- "Souvenirs d'enfance à Dianra." *Sous les drapeaux. Mémoires*. Vol.1 . Paris : Jaguar Conseil, 1999. 17-25.
- "Souvenirs d'enfance à Dianra." *Burkina Faso : Cent ans d'histoire, 1895-1995*. Tome 1. Paris-Ouagadougou : Karthala-Presses de l'Université de Ouagadougou, 1999. 209-230.

Larson, Ruth. « Ethnography, Thievery, and Cultural Identity: A Rereading of Michel Leiris's *L'Afrique Fantôme.* » *PMLA* 112.2 (Mar. 1997). 229-242.

Lejeune, Philippe. *Le Pacte autobiographique.* Paris : Seuil, 1975.

- *Je est un autre*. Paris : Seuil, 1980.

– *Moi aussi*. Paris, Seuil 1986.
– *Récits de vie et institutions*. Nanterre : Centre de sémiotique textuelle, Université (de) Paris X, 1986.
– “L’autobiographie de ceux qui n’écrivent pas.” *Je est un autre : l’autobiographie de la littérature aux médias*. Paris : Seuil, 1980. 229-316.

Leiris, Michel. *L’Afrique Fantôme*. Paris : Gallimard, 1934 et 1981.

Lenfant, Eugène Armand. *La Découverte des grandes sources du centre de l’Afrique*. Paris : Librairie Hachette, 1909.

Louguet Kaboré, Hortense. *Maître Titinga Frédéric Pacéré, origine d’une vie*. Paris : L’Harmattan, 2001.

Lüsebrink, Hans-Jürgen. « Du Journal de voyage au témoignage : Autobiographies fragmentaires d’auteurs africains dans la presse ouest-africaine à l’époque coloniale (1916-50). » *Genres autobiographiques en Afrique : Actes du 6e. Symposium International Janheinz Jahn* (Mainz-Baireuth, 1992). Ed. Dietrich Reimer. Verlag, 1996. 83-100.

– « Dynamiques de l’autobiographie : de l’ancrage anthropologique aux horizons interculturels ». *Enjeux des genres dans les écritures contemporaines*. Editeurs. Dion, Robert, Frances Fortier, et Elisabeth Haghebaert. Québec : Éditions Nota bene, 2001. 103-120.

Madiéga, Georges, Nao, Oumarou, eds. *Burkina Faso : cent ans d’histoire, 1895-1995*. Paris-Ouagadougou : Karthala-Presses de l’Université de Ouagadougou, 1999. Tome 2.

– *Burkina Faso : Cent ans d'histoire : 1895-1995.* Paris, Ouagadougou : Karthala-Presses de l'Université de Ouaga, 2003.Tome I.

Madiéga, Georges. « Conditions et perspectives de la production historique burkinabè sur les périodes coloniale et postcoloniale. » in Madiéga, Georges, Nao, Oumarou, eds. *Burkina Faso : Cent ans d'histoire : 1895-1995.* Paris, Ouagadougou : Karthala-Presses de l'Université de Ouaga, 2003.Tome I. 81-98.

Massa, Gabriel et Madiéga, Georges. *La Haute-Volta coloniale : Témoignages, recherches, regards.* Paris : Karthala, 1995.

Masse, Daniel. *Tirailleur sénégalais. Journal de route d'un Sergent d'Infanterie de marine. Sénégal - Dahomey (1892-1893).* Paris : Mémoires d'Hommes, 2006.

Martens, Ludo. *Sankara, Compaoré et la révolution burkinabé.* Anvers : EPO, 1989.

"Memoirs as History." Editorial. *Jerusalem Quarterly.* File Issue 9, 2000. Source: http://www.jerusalemquarterly.org/2000/jqf9/editorial.html

Ngandu Mutombo, Marcel. *Femmes dans les mouvements chrétiens africains : Récits de vie à Lubumbashi (R-D Congo).* Paris : L'Harmattan, 2009.

Nnaji, Ben Obinwa. *Blaise Compaoré: the Architect of Burkina Faso revolution.* Ibadan: Spectrum Books, 1989.

Nora, Pierre. "Entre Mémoire et Histoire : la problématique des lieux." *Les Lieux de mémoire,* tome 1. Pierre Nora, ed. Paris : Gallimard, 1984. XVII-XLII.

Notre Librairie - 101 *Littérature du Burkina Faso*. Paris : Clef, 1990.

Ntiranyibagira, Zenaide. *Les Récits de vie africains et antillais au féminin : violence et espoir*. UMI Microform 3320522. ProQuest. Ann Harbor, MI. 2008.

Otayek, René et Al.: *Le Burkina entre révolution et démocratie*. 1983-1993. Paris : Karthala, 1996.

Ouattara, Vincent. *Halidou Ouédradogo, une vie de lutte*. Ouagadougou : Sankofa & Gurli Edition, 2008.

Ouédraogo, Bougraoua. « L'Assemblée territoriale de la Haute-Volta : 1948-1952. ». *La Haute-Volta coloniale : Témoignages, recherches, regards* ». Massa, Gabriel, Madiéga, Georges, eds. Paris : Karthala, 1995. 475-482.

Ouédraogo, Didier. "Panorama des institutions archivistiques étrangères dépositaires de sources de L'Histoire du Burkina Faso." *Burkina Faso : cent ans d'histoire, 1895-1995*. Tome1. Paris-Ouagadougou : Karthala-Presses de l'Université de Ouagadougou, 2003. 61-71.

Ouédraogo, Gérard K. *Chronique de soixante années de lutte politique : un combat pour l'Afrique*. Ouagadougou : Imprimerie FGZ-Trading, 2008.

Ouédraogo, Issaka. *El Hadj Oumarou Kanazoé : un autodidacte devenu milliardaire*. Ouagadougou : Déclic, 2011.

Pacéré, Titinga Frédéric. *Ainsi on a assassiné tous les Mossé*. Québec : Editions Naaman, 1979.

– *Naba Zid-Wendé et les lieux sacrés de Manéga.* Ouagadougou : Edition Fondation Pacéré, 1998.

Pajot, Florian. *Joseph Ki-Zerbo. Itinéraire d'un intellectuel africain au XXe siècle.* Paris, L'Harmattan, 2007.

Palm, Jean-Marc : *Ouezzin Coulibaly, Nazi Boni : deux leaders politiques africains de Haute-Volta.* Ouagadougou : Editions Kraal, 2014.

Raponda-Walker, André. *Notes d'histoire du Gabon* Paris : 1960.

Riesz, János. « Genres autobiographiques en Afrique et en Europe : Déterminismes historiques de l'histoire d'une vie et rêve d'une autre vie. » *Genres autobiographiques en Afrique : Actes du 6e.Symposium International Janheinz Jahn.* Trans. Véronique Porra. (Mainz-Baireuth, 1992). Ed. Dietrich Reimer Verlag : 1996. 9-32.

Robertson, Claire. Book review. « Hustling is not Stealing. » *African Studies Review* 48 (1): 209-212. 2005.

Rouget, Fernand. *L'Expansion coloniale au Congo français* Paris, 1961.

Sanou, Salaka. *La littérature burkinabé : l'histoire, les hommes, les œuvres.* Limoges : PULIM, 2000.

Sartre, Victor. *Mémoires pour l'histoire à Madagascar (1933-1990).* Paris, Karthala, 2008.

Savadogo, Youssouf. *Le Pasteur Segnogo Ouédraogo : un héros de la foi.* Ouagadougou, Editions Basneeré, 2006.

– *Biographie de douze pionniers de l'œuvre missionnaire des Assemblées de Dieu du Burkina Faso*. Ouagadougou : Editions Basneeré, 2009.

Sawadogo, Alfred Yambangba. *Le Président Thomas Sankara : chef de la Révolution burkinabé, 1983-1987 : portrait*. Paris/Montréal : l'Harmattan, 2001.

– *L'École de mon village, 1936-1958 : Un Élève raconte*. Paris : L'Harmattan, 2002.

Schaeffer, Jean-Marie. *Pourquoi la fiction ?* Paris : Seuil, 1999.

Sémi-Bi, Zan. *Ouezzin Coulibaly, le lion du RDA (1909-1958)*. Abidjan : Presses universitaires de Côte d'Ivoire, 1995.

Sicé, Adolphe. *L'A.E.F. et le Cameroun au service de la France*. Paris : PUF, 1946.

Sissao, Claude. "Le problème des sources d'archives de l'histoire coloniale de la Haute- Volta : reflet de l'évolution d'un territoire au sein de l'A.O.F." *Burkina Faso : Cent ans d'histoire, 1895-1995*. Tome1. Paris-Ouagadougou : Karthala-Presses de l'Université de Ouagadougou, 2003. 73-80.

Somé, Joseph-Mukassa. *Mon Combat pour la terre*. Bourron,Yves, Editeur. Paris : Karthala, 2013.

Somé, Malidoma Patrice. *Of Water and the Spirit: Ritual, Magic, and Initiation in the Life of an African Shaman*. New York: Putnam, 1994.

– *Ritual: Power, Healing, and Community*. Portland, Or: Swan/ Raven & Co, 1993

Somé, Valère D.. *Thomas Sankara, l'espoir assassiné.* Paris : L'Harmattan, 1990.

Sondo, Rose-Marie. *Monseigneur Joanny Thévenoud : Pére Fondateur Des Sœurs De L'immaculée Conception De Ouagadougou.* Ouagadougou : Société Générale d'Imprimerie du Faso (SOGIF), 1998.

Spivak, Gayatri Chakravorty. « Can the Subaltern Speak? » *Marxism & The Interpretation of Culture.* Cary Nelson and Lawrence Grossberg, eds. London: Macmillan, 1988. 271-313.

Talayesva, Don C., et Leo W. Simmons. *Soleil Hopi ; l'autobiographie d'un Indien Hopi.* Traduction de Geneviève Mayoux, préface de Claude Lévi-Strauss. Paris : Plon (Terre humaine), 1959.

Taylor, Susan L. *In the Spirit: The Inspirational Writings of Susan L. Taylor.* New York: Harper Perennial, 1994.

Tiendrébéogo-Kaboret, Alice. *Philippe Zinda Kaboret : Un Héros de la lutte anti- coloniale.* Ouagadougou : Imprimerie Presses Africaines, 2010.

– *Etre femme et ministre au Burkina Faso.* Ouagadougou : Imprimerie Presses Africaines, 2013.

Touré, Adama. *Une Vie de militant : ma lutte du collège à la révolution de Thomas Sankara.* Ouagadougou : Editions Hamaria, 2001.

Traoré, Fathié. *Mémoires d'autres temps : 1.* Ouagadougou : Presses Africaines, 1984.

Traoré, Yacouba. *Gassé Galo, entre les lignes : à propos du pouvoir du journalisme*. Ouagadougou : Edition Kraal, 2013.

Urvoy, Yves. *Histoire de l'empire du Bornou*. Paris : Larose, 1949.

Westermann, Diedrich, ed. *Autobiographies d'Africains : onze autobiographies d'indigènes originaires de diverses régions de l'Afrique et représentant des l métiers et des degrés de culture différents*. Paris : Payot, 1943.

Yaméogo, Marie-Viviane. *Blaise Compaoré : un homme, un style*. Ouagadougou : Editions Choristri, 2010.

Yépri, Léon. *Titinga Frédéric Pacéré : le tambour de l'Afrique poétique*. Paris : L'Harmattan, 1999.

Zabré, Hado Paul. *Mémoire de syndicaliste*. Ouagadougou : Direction des Presses Universitaires, Université de Ouagadougou, 1998.

Zerbo, Saye. *De la Présidence au ministère d'évangéliste*. Ouagadougou : Logos-CIE, 2003.

Zieglé, Henri. *Afrique équatoriale française*. Paris : Berger-Levrault, 1952.

Ziegler, Jean et Rapp, J.Ph.. *Thomas Sankara : un nouveau pouvoir africain*. Lausanne : Editions Pierre-Marcel Favre, 1986.

Zongo, Bernard. *Meurtrissures. Auto-fiction*. Paris : L'Harmattan, 2005.

Le Burkina-Faso

aux éditions L'Harmattan

Dernières parutions

GOUVERNANCE ET INSTITUTIONS TRADITIONNELLES DANS LES PÊCHERIES DE L'OUEST DU BURKINA FASO
Toe Patrice, Sanon Vincent-Paul
Cette étude révèle un dualisme entre gouvernance locale et institutions traditionnelles dans les pêcheries de l'Ouest du Burkina Faso, malgré l'apparition de nouveaux acteurs et l'instauration de nouvelles règles. Par ailleurs, l'appropriation des innovations en cours se fait dans une sorte de combinaison entre logiques traditionnelle et moderne ; d'où une cohabitation difficile de légitimités, laissant de plus en plus entrevoir une « re-traditionnalisation » des institutions de pêche.
(Coll. Études africaines, 14.50 euros, 144 p.)
ISBN : 978-2-343-04967-0, ISBN EBOOK : 978-2-336-38079-7

SOUVENIRS DE LA RÉVOLUTION
Des moments de la révolution sankariste vue par un adolescent – Récit
Bonzi Gnindé - Préface de Philippe Ouédraogo et Salaka Sanou
Ce récit couvre la période de 1982 à 1987 : l'auteur nous livre ses souvenirs d'adolescent, en se focalisant sur la période de la révolution sankariste. Ses souvenirs, ce sont aussi les conditions de vie du collégien vivant loin de son village et de ses parents, et découvrant Ouagadougou ; les décisions incomprises du CNR ; les festivités de l'an III de la révolution ; l'émotion et le choc à la mort de Thomas Sankara...
(Coll. L'Harmattan International Burkina Faso, 14.50 euros, 142 p.,)
ISBN : 978-2-343-06008-8, ISBN EBOOK : 978-2-336-37483-3

TALITHA KOUM ! NOTRE CRI...
Plumes pour jeunes filles au Faso – Hommage à la Presse solidaire
Yanogo Abbé Dominique
Ce livre est un cri du cœur d'un homme qui s'est battu pendant plus d'un quart de siècle pour un mieux-être de la jeune fille par l'école au Burkina Faso. Sans relâche, l'abbé Dominique Yanogo a su convertir proches, amis et institutions en partenaires de l'association «Solidarité Marthe et Marie» qu'il a fondée en 1987. Cet ouvrage est aussi un véritable hommage à la Presse qui travaille au quotidien pour la conscientisation de tous et l'émergence d'une culture de la solidarité dans ce pays.
(Coll. Politique et dynamiques religieuses en Afrique, 21.00 euros, 196 p.)
ISBN : 978-2-343-05938-9, ISBN EBOOK : 978-2-336-37470-3

D'UN REGARD, L'AUTRE

Médecine et anthropologie – Une expérience au Burkina Faso

Albert Frédérique

Médecin et anthropologue, Frédérique Albert rend compte dans ce livre de deux expériences qu'elle a vécues dans un dispensaire du Plateau Mossi, proche de Kongoussi. Dans la première, elle intervenait comme médecin, avec inévitablement un regard d'anthropologue. La seconde traite d'une enquête purement anthropologique qu'elle a menée en tant qu'ethnologue de terrain dans les villages moose environnant le dispensaire.

(Coll. Terrain, récits et fictions, 13.50 euros, 128 p.)

ISBN : 978-2-343-05250-2, ISBN EBOOK : 978-2-336-36853-5

ATTACHEMENT ET DÉLINQUANCE DES MINEURS : DÉTERMINANTS PSYCHOSOCIAUX AU BURKINA FASO

Yougbaré Sébastien

Ce livre porte sur les adolescents délinquants en ville, au Burkina Faso. Il met en perspective le mode d'attachement de 114 adolescents âgés de plus de 13 ans à moins de 18 ans révolus et les formes de délits par une double démarche d'enquête réalisée sur les données institutionnelles et d'entretien clinique. L'enquête fait émerger des dimensions psychosociales que l'entretien clinique, inspiré de la théorie des liens, permet d'éclairer au plan des processus psychopathologiques.

(Coll. Études africaines, 31.00 euros, 304 p.)

ISBN : 978-2-343-05197-0, ISBN EBOOK : 978-2-336-36582-4

LANGUES NATIONALES ET MUSIQUE MODERNE BURKINABÉ FACE À LA MONDIALISATION

Daboué Jacob

À l'heure de la mondialisation, le Burkina Faso, longtemps resté à l'ombre des musiques étrangères, s'illustre aujourd'hui à travers la revalorisation de ses langues et de ses rythmes traditionnels dans la cuvette de la musique moderne. Aussi le dynamisme actuel de cette musique en langues nationales par hybridation devra-t-il impacter la culture mondiale globalisante.

(Coll. Politique et dynamiques religieuses en Afrique, 21.00 euros, 210 p.)

ISBN : 978-2-343-04755-3, ISBN EBOOK : 978-2-336-36128-4

VIE (LA) À TRAVERS LA NAISSANCE CHEZ LES LYELAE DU BURKINA FASO

Problématique d'une théologie de l'inculturation

Bayili Blaise

Il n'y a pas de culture qui résumerait à elle seule l'humanité, qui serait l'harmonie de toutes les cultures. Chaque peuple, chaque culture constitue, dans cette symphonie, une note qui est à la fois personnelle et source d'ouverture. Le Lyel a sa façon propre de concevoir la vie notamment à travers le processus de la naissance. Puisque la tradition Lyelae entre dans cette symphonie appelée au salut dans le Christ, il importe que le Lyel apporte sa note au rendez-vous de cette rencontre avec le message chrétien.

(Coll. Afrique théologique & spirituelle, 25.00 euros, 344 p.)

ISBN : 978-2-343-04629-7, ISBN EBOOK : 978-2-336-35941-0

OPPRESSION COLONIALE ET RÉSISTANCE EN HAUTE-VOLTA
L'exemple de la région de la boucle du Mouhoun (1885-1935)
Souyris Bernard
En 1895, le gouvernement français décide de conquérir militairement ce qui deviendra plus tard la colonie de Haute-Volta. En trois ans, l'armée coloniale obtient la soumission des souverains africains mais il lui faudra faire face à la résistance des peuples pendant plusieurs dizaines d'années. Ce livre raconte comment les peuples qui vivaient dans la région de la boucle du Mouhoun ont refusé la domination coloniale et se sont organisés pour mener une véritable guerre contre les colonnes de «pacification».
(Coll. Histoire Africaine, série XIXe-XXe siècle, 21.00 euros, 216 p.)
ISBN : 978-2-343-03927-5, ISBN EBOOK : 978-2-336-35464-4

ADOLESCENTS (LES) AFRICAINS ET LEURS PROJETS D'AVENIR
Moumoula Issa Abdou – Préface de Jean Guichard
Après un examen critique des principaux modèles et concepts appliqués à l'étude des représentations d'avenir des adolescents, ce livre s'attache à mettre en lumière les variables contextuelles qui participent de la construction des projets des adolescents burkinabè. Il s'inscrit dans une perspective sociale utile en vue de faire évoluer les politiques d'orientation au Burkina Faso.
(Coll. Études africaines, 39.50 euros, 412 p.)
ISBN : 978-2-343-00719-9, ISBN EBOOK : 978-2-296-53456-8

POLITIQUE ET MERCATIQUE AU BURKINA FASO
Badolo Célestin
Cette étude a pour objectif de rechercher l'écart qui pourrait exister entre ce qu'offrent les partis politiques et les attentes des populations de la province du Kadiogo. Cette étude a permis aussi de faire une rétrospective sur l'histoire politique du Burkina et d'y déceler les pratiques du marketing politique propres à ce pays.
(Coll. Politique et dynamiques religieuses en Afrique, 17.00 euros, 166 p.)
ISBN : 978-2-343-00125-8, ISBN EBOOK : 978-2-296-53478-0

FEMMES DU BURKINA
Vincent Marie-Pascale
Cet ouvrage retrace sous forme de portraits le quotidien des femmes dans un des pays les plus pauvres au monde. Au hasard des rencontres, entre témoignage sur la condition féminine au Burkina et carnet de voyage, ces récits laissent également la place à l'émotion.
(12.00 euros, 96 p.) ISBN : 978-2-296-96203-3

JE NE VEUX PAS QU'ON M'OFFRE DES FAVEURS DANS UNE CALEBASSE !
La discrimination positive au Burkina Faso, ou l'affirmation de la différence
L'exemple de la loi sur le quota
Merindol Ouoba Clarisse
La discrimination positive en faveur du genre féminin est une mode en vogue, aujourd'hui adoptée dans plusieurs pays pour réduire des inégalités séculaires qui

existent entre les hommes et les femmes. Si les résultats peuvent être salués dans certains espaces, les réalités endogènes africaines devraient pousser à la prudence quant à l'endossement de stratégies qui viseraient à introduire de nouvelles inégalités de genre, qui devraient cette fois se comprendre en termes de progrès et non de discrimination.
(Coll. Points de vue, 12.50 euros, 112 p.)
ISBN : 978-2-336-29179-6, ISBN EBOOK : 978-2-296-53269-4

POUVOIR ET ACCÈS AUX RESSOURCES NATURELLES AU BURKINA FASO
La topographie du pouvoir
Korbéogo Gabin
Cet ouvrage explore les répertoires des règles officielles et locales qui autorisent et interdisent l'usage et l'appropriation des ressources naturelles dans le Gourma rural (à l'est du Burkina Faso). Dans un contexte de faible ancrage de la légitimité de l'État, la décentralisation a revigoré l'autorité des chefferies traditionnelles et réhabilité son monopole sur les ressources naturelles. Cette situation amenuise la réalisation de l'idéal démocratique de la répartition équitable des ressources entre les citoyens burkinabè.
(Coll. Études africaines, 31.00 euros, 298 p.)
ISBN : 978-2-336-00264-4, ISBN EBOOK : 978-2-296-51630-4

MUSIQUE MODERNE ET LANGUES NATIONALES AU BURKINA FASO
Daboué Jacob
Un nouveau phénomène est en passe de devenir la règle dans l'univers culturel du Burkina Faso : l'utilisation des langues nationales dans la musique moderne. Le phénomène s'ancre essentiellement dans l'émancipation artistique et la recherche identitaire. Il gagnerait à être mieux encadré et canalisé par les pouvoirs publics pour la constitution d'un patrimoine culturel national à même de s'imposer à la mondialisation.
(Coll. Politique et dynamiques religieuses en Afrique, 17.00 euros, 184 p.)
ISBN : 978-2-336-00220-0, ISBN EBOOK : 978-2-296-50891-0

FESPACO (LE), UNE AFFAIRE D'ETAT(S)
Festival Panafricain de Cinéma et de Télévision de Ouagadougou (1969-2009)
Dupré Colin
Préface de Clément Tapsoba – Postface de Catherine Ruelle
En février 1969, à l'initiative d'un groupe de cinéastes et de passionnés, naît à Ouagadougou au Burkina Faso, le premier festival de cinéma africain au sud du Sahara, devenu aujourd'hui le rendez-vous incontournable pour les cinéastes du continent, pour lesquels il constitue un tremplin. Le Fespaco revêt une dimension politique évidente et, au fil des années, il est devenu une véritable vitrine culturelle et politique pour le Burkina.
(33.00 euros, 406 p.)
ISBN : 978-2-336-00163-0, ISBN EBOOK : 978-2-296-50844-6

L'HARMATTAN ITALIA
Via Degli Artisti 15; 10124 Torino
harmattan.italia@gmail.com

L'HARMATTAN HONGRIE
Könyvesbolt ; Kossuth L. u. 14-16
1053 Budapest

L'HARMATTAN KINSHASA
185, avenue Nyangwe
Commune de Lingwala
Kinshasa, R.D. Congo
(00243) 998697603 ou (00243) 999229662

L'HARMATTAN CONGO
67, av. E. P. Lumumba
Bât. – Congo Pharmacie (Bib. Nat.)
BP2874 Brazzaville
harmattan.congo@yahoo.fr

L'HARMATTAN GUINÉE
Almamya Rue KA 028, en face
du restaurant Le Cèdre
OKB agency BP 3470 Conakry
(00224) 657 20 85 08 / 664 28 91 96
harmattanguinee@yahoo.fr

L'HARMATTAN MALI
Rue 73, Porte 536, Niamakoro,
Cité Unicef, Bamako
Tél. 00 (223) 20205724 / +(223) 76378082
poudiougopaul@yahoo.fr
pp.harmattan@gmail.com

L'HARMATTAN CAMEROUN
BP 11486
Face à la SNI, immeuble Don Bosco
Yaoundé
(00237) 99 76 61 66
harmattancam@yahoo.fr

L'HARMATTAN CÔTE D'IVOIRE
Résidence Karl / cité des arts
Abidjan-Cocody 03 BP 1588 Abidjan 03
(00225) 05 77 87 31
etien_nda@yahoo.fr

L'HARMATTAN BURKINA
Penou Achille Some
Ouagadougou
(+226) 70 26 88 27

L'HARMATTAN SÉNÉGAL
10 VDN en face Mermoz, après le pont de Fann
BP 45034 Dakar Fann
33 825 98 58 / 33 860 9858
senharmattan@gmail.com / senlibraire@gmail.com
www.harmattansenegal.com

L'HARMATTAN BÉNIN
ISOR-BENIN
01 BP 359 COTONOU-RP
Quartier Gbèdjromèdé,
Rue Agbélenco, Lot 1247 I
Tél : 00 229 21 32 53 79
christian_dablaka123@yahoo.fr

Achevé d'imprimer par Corlet Numérique - 14110 Condé-sur-Noireau
N° d'Imprimeur : 130682 - Dépôt légal : juillet 2016 - *Imprimé en France*